# 王国维自述

王国维 著

泰山出版社·济南·

**图书在版编目（CIP）数据**

王国维自述 / 王国维著. -- 济南：泰山出版社，
2022.12

ISBN 978-7-5519-0726-2

Ⅰ . ①王… Ⅱ . ①王… Ⅲ . ①王国维（1877—
1927）—自传 Ⅳ . ① K825.4

中国版本图书馆CIP数据核字（2022）第167697号

WANGGUOWEI ZISHU

王国维自述

**责任编辑** 王艳艳 王凌云
**装帧设计** 路渊源

**出版发行** 泰山出版社
社 址 济南市泺源大街2号 邮编 250014
电 话 综 合 部（0531）82023579 82022566
出版业务部（0531）82025510 82020455
网 址 www.tscbs.com
电子信箱 tscbs@sohu.com
**印 刷** 山东新华印务有限公司
**成品尺寸** 150 mm×230 mm 16开
**印 张** 12.25
**字 数** 150千字
**版 次** 2022年12月第1版
**印 次** 2022年12月第1次印刷
**标准书号** ISBN 978-7-5519-0726-2
**定 价** 39.00元

# 凡　例

一、本书收录了作者的相关经典文章或片段，主要展现了作者的学术历程或情感操守等。

二、将所选文章改为简体横排，以适应当代的阅读习惯。所选文章尽量依照原作，以保持文章的时代原貌，有些地方参照当下最新的整理成果进行了适当修改。

三、所选文章没有标题或者标题重复的，编辑时另行拟加或改拟。个别文章为相近内容之汇辑，另拟新题。

四、对有些当时使用的文字，如"的""地""得""化钱""记帐"等, 均一仍其旧。

# 目录

# 《静庵文集》自序

　　余之研究哲学，始于辛壬之间。癸卯春，始读汗德之《纯理批评》，苦其不可解，读几半而辍。嗣读叔本华之书而大好之。自癸卯之夏，以至甲辰之冬，皆与叔本华之书为伴侣之时代也。其所尤惬心者，则在叔本华之《知识论》，汗德之说得因之以上窥。然于其人生哲学观，其观察之精锐，与议论之犀利，亦未尝不心怡神释也。后渐觉其有矛盾之处，去夏所作《红楼梦评论》，其立论虽全在叔氏之立脚地，然于第四章内已提出绝大之疑问。旋悟叔氏之说，半出于其主观的气质，而无关于客观的知识。此意于《叔本华及尼采》一文中始畅发之。今岁之春，复返而读汗德之书，嗣今以后，将以数年之力，研究汗德。他日稍有所进，取前说而读之，亦一快也。故并诸杂文刊而行之，以存此二三年间思想上之陈迹云尔。

　　　　　　　光绪三十一年秋八月，海宁王国维自序

# 自序一

　　岁月不居，时节如流，犬马之齿，已过三十。志学以来，十有余年，体素羸弱，不能锐进于学。进无师友之助，退有生事之累，故十年所造，遂如今日而已。然此十年间进步之迹，有可言焉。夫怀旧之感，恒笃于暮年；进取之方，不容于反顾。余年甫壮而学未成，冀一篑以为山，行百里而未半。然举前十年之进步，以为后此十年二十年进步之券，非敢自喜，抑亦自策励之一道也。余家在海宁，故中人产也，一岁所入，略足以给衣食。家有书五六箧，除《十三经注疏》为儿时所不喜外，其余晚自塾归，每泛览焉。十六岁，见友人读《汉书》而悦之，乃以幼时所储蓄之岁朝钱万，购前四史于杭州，是为平生读书之始。时方治举子业，又以其间学骈文散文，用力不专，略能形似而已。未几而有甲午之役，始知世尚有所谓〔新〕学者。家贫不能以资供游学，居恒怏怏，亦不能专力于是矣。二十二岁正月，始至上海，主时务报馆，任书记校雠之役。二月而上虞罗君振玉等私立之东文学社成，请于馆主汪君康年，日以午后三小时往学焉。汪君许之，然馆事颇剧，无自习之暇，故半年中之进步，不如同学诸子远甚。夏六月，又以病足归里，数月而愈。愈而复至沪，则时务报馆已闭，罗君乃使治社之庶务，而免其学资。是时社中教师为日本文学士藤田丰八、田冈佐代治二君。二君故治哲学，余一日见田冈君之文集中，有引汪德、叔本华之哲学者，心甚喜之。顾文字暌隔，自以为终身无读二氏之书之日矣。次年，社中兼授数学、物理、化学、英文等，其时担任数学者，即藤田君。君以文学者而授数学，亦未尝不自笑也。顾君勤于教授，其时所用藤泽博士之算术代数两教科书，问题殆以万计，同学三四人者，无一问题不解，君亦无一不校阅也。又一年，而值庚子之变，学社解散。盖余之学于东文学社也，二年有半，而其学英文亦一年有半。时方毕第三读本，乃购第四、第五读本，归里自习之。日尽一二课，必以能解为度，不解者且置之。而北乱稍定，罗君乃助以资，使游学于日本。亦从藤田君之劝，拟专修理学。故抵日本后，昼习英文，夜至物理学校习数学。留东京四五月而病作，遂以是夏归国。自是以后，遂为独学之时代矣。体素羸弱，性复忧郁，人生之问题，日往复于吾前。自是始决从事于哲学，而此时为余读书之指导者，亦即藤田君也。次岁春，始读翻尔彭之《社会学》，及文之《名学》、海甫定《心理学》之半。而所购哲学之书亦至，于是暂辍心理学而读巴尔善之《哲学概论》、文特尔彭之《哲学史》，当时之读此等书，固与前日之读英文读本之道无异。幸而已得读日文，则与日文之此类书参照而观之，遂得通其大略。既卒《哲学概论》《哲学史》，次年始读汪德之《纯理批评》。至《先天分析论》几全不可解，更辍不读，而读叔本华之《意志及表象之世界》一书。叔氏之书，思精而笔锐。是岁前后读二过，次及于其《充足理由之原则论》《自然中之意志论》，及其文集等。尤以其《意志及表象之世界》中《汗德哲学之批评》一篇，为通汗德哲学关键。至二十九岁，更返而读汗德之书，则非复前日之窒碍矣。嗣是于汗德之《纯理批评》外，兼及其伦理学及美学。至今年从事第四次之研究，则窒碍更少，而觉其窒碍之处大抵其说之不可持处而已。此则当日志学之初所不及料，而在今日亦得以自慰藉者也。此外如洛克、休蒙之书，亦时涉猎及之。近数年来为学之大略如此。顾此五六年间，亦非能终日治学问，其为生活故而治他人之事，日少则二三时，多或三四时，其所用以读书者，日多不逾四时，少不过二时。过此以往则精神涣散，非与朋友谈论，则涉猎杂书。唯此二三时间之读书，则非有大故，不稍间断而已。夫以余境之贫薄，而体之孱弱也，又每日为学时间之寡也，持之以恒，尚能小有所就，况财力精力之倍于余者，循序而进，其所造岂有量哉！故书十年间之进步，非徒以为责他日进步之券，亦将以励今之人使不自馁也。若夫余之哲学上及文学上之撰述，其见识文采亦诚有过人者，此则汪氏中所谓"斯有天致，非由人力，虽情苻曩哲，未足多矜"者，固不暇为世告焉。

（刊于1907年5月上海《教育世界》148号）

# 自序二

　　前篇既述数年间为学之事，兹复就为学之结果述之：余疲于哲学有日矣。哲学上之说，大都可爱者不可信，可信者不可爱。余知真理，而余又爱其谬误。伟大之形而上学、高严之伦理学与纯粹之美学，此吾人所酷嗜也。然求共可信者，则宁在知识论上之实证论、伦理学上之快乐论与美学上之经验论。知其可信而不能爱，觉其可爱而不能信，此近二三年中最大之烦闷。而近日之嗜好所以渐由哲学而移于文学，而欲于其中求直接之慰藉者也。要之，余之性质，欲为哲学家则感情苦多，而知力苦寡；欲为诗人，则又苦感情寡而理性多。诗歌乎？哲学乎？他日以何者终吾身，所不敢知，抑在二者之间乎？

　　今日之哲学界，自赫尔德曼以后，未有敢立一家系统者也。居今日而欲自立一新系统，自创一新哲学，非愚则狂也。近二十年之哲学家，如德之芬德、英之斯宾塞尔，但搜集科学之结果，或古人之说而综合之、修正之耳。此皆第二流之作者，又皆所谓可信而不可爱者也。此外所谓哲学家，则实哲学史家耳。以余之力，加之以学问，以研究哲学史，或可操成功之券。然为哲学家，则不能；为哲学史，则又不喜，此亦疲于哲学之一原因也。

近年嗜好之移于文学，亦有由焉，则填词之成功是也。余之于词，虽所作尚不及百阕，然自南宋以后，除一二人外，尚未有能及余者。则平日之所自信也，虽比之五代、北宋之大词人，余愧有所不如，然此等词人，亦未始无不及余之处。因词之成功，而有志于戏曲，此亦近日之奢愿也。然词之于戏曲，一抒情，一叙事，其性质既异，其难易又殊。又何敢因前者之成功，而遽冀后者乎？但余所以有志于戏曲者，又自有故。吾中国文学之最不振者，莫戏曲若。元之杂剧、明之传奇，存于今日者，尚以百数。其中之文字，虽有佳者，然其理想及结构，虽欲不谓至幼稚，至拙劣，不可得也。国朝之作者，虽略有进步，然比诸西洋之名剧，相去尚不能以道里计。此余所以自忘其不敏，而独有志乎是也。然目与手不相谋，志与力不相副，此又后人之通病。故他日能为之与否，所不敢知，至为之而能成功与否，则愈不敢知矣。

虽然，以余今日研究之日浅，而修养之力乏，而遽绝望于哲学及文学，毋乃太早计乎！苟积毕生之力，安知于哲学上不有所得，而于文学上不终有成功之一日乎？即今一无成功，而得于局促之生活中，以思索玩赏为消遣之法，以自遣于声色货利之域，其益固已多矣。诗云："且以喜乐，且以永日。"此吾辈才弱者之所有事也。若夫深湛之思、创造之力，苟一日集于余躬，则俟诸天之所为欤！俟诸天之所为欤！

（刊于1907年7月上海《教育世界》152号）

# 遗嘱

　　五十之年，只欠一死。经此世变，义无再辱。我死后，当草草棺殓，即行稿葬于清华园茔地，汝等不能南归，亦可暂于城内居住。汝兄亦不必奔丧，因道路不通，渠又不能出门故也。书籍可托陈、吴二先生处理。家人自有人料理，必不致不能南归。我虽无财产分文遗汝等，然苟谨慎勤俭，亦必不致饿死也。

　　　　　　　　　　　　　　　　　　五月二日，父字

# 戏曲考源

楚词之作，《沧浪》《凤兮》二歌先之；诗余之兴，齐、梁小乐府先之；独戏曲一体，崛起于金元之间，于是有疑其出自异域，而与前此之文学无关系者，此又不然。尝考其变迁之迹，皆在有宋一代；不过因金元人音乐上之嗜好，而且益发达耳。

戏曲者，谓以歌舞演故事也。古乐府中，如《焦仲卿妻》诗、《木兰辞》、《长恨歌》等，虽咏故事，而不被之歌舞，非戏曲也。《柘枝》《菩萨蛮》之队，虽合歌舞而不演故事，亦非戏曲也。唯汉之角抵，于鱼龙百戏外，兼搬演古人物。张衡《西京赋》曰："东海黄公，赤刀粤祝，冀厌白虎，卒不能救。"又曰："总会仙倡，戏豹舞罴，白虎鼓瑟，苍龙吹篪，女娥坐而长歌，声清畅而蜲蛇；洪崖立而指麾，被羽毛之襳褷。度曲未终，云起雪飞。"则所搬演之人物，且自歌舞。然所演者实仙怪之事，不得云故事也。演故事者，始于唐之《大面》《拨头》《踏摇娘》等戏。代面（即大面），出于北齐。北齐兰陵王长恭，才武而面美，常著假面以对敌。尝击周师金墉城下，勇冠三军，齐人壮之，为此舞，以效其指麾击刺之容，谓之《兰陵王入阵曲》。拨头，出西域。胡人为猛兽所噬，其子求兽杀之，为此舞以象之也。踏摇娘，生于隋末。隋末，河内有人，貌恶，而嗜酒，常自号郎中。醉归必殴其妻。其妻美色善歌，为怨苦之辞。河朔演其曲而被之弦管，因写其妻之容，妻悲诉，每摇顿其身，故号《踏摇娘》。（右见《旧唐书·音乐志》，《乐府杂录》及《教坊记》所载略同。）及昭宗光化中，孙德昭之徒刃刘季述，始作《樊哙排闼》剧。（宋陈旸《乐书》第一百八十六卷。）唐时戏剧可考者仅此。至宋初，搬演较为任意。宋孔道辅奉使契丹，契丹宴使者，优人以文宣王为戏，道辅艴然径出。（《宋史·孔道辅传》。）又祥符、天禧中，杨大年、钱文僖、晏元献、刘子仪以文章立朝，为诗皆宗李义山，后进多窃义山语句。尝内宴，优人有为义山者，衣服败裂，告人曰：吾为诸馆职挦扯至此。闻者欢笑。（刘攽《中山诗话》。）至南宋时，洪迈《夷坚志》，叶绍翁《四朝闻见录》所载优伶调谑之事，尚与此相类。虽搬演古人物，然果有歌词与故事否？若有歌词，果与故事相应否？今不可考。要之，此时尚无金元间所谓戏曲，则固可决也。

杂剧之名，始起于宋。宋制，每春秋圣节三大宴，小儿队、女弟子队，各进杂剧。队舞及杂剧之制，具见《宋史·乐志》及宋孟元老《东京梦华录》。《宋志》谓："舞队之制，其名各十。小儿队凡七十二人，女弟子队凡一百五十三人。"每春秋圣节三大宴：其第一，皇帝升座，宰相进酒，庭中吹觱篥，以众乐和之。赐群臣酒，皆就坐。宰相饮，作《倾杯》，百官饮，作《三台》。第二，皇帝再举酒，群臣立于席后，乐以歌起。第三，皇帝举酒，如第二之制，以次进食。第四，百戏皆作。第五，皇帝举酒，如第二之制。第六，乐工致辞，继以诗一章，谓之口号，皆述德美及中外蹈咏之情。第七，合奏大曲。第八，皇帝举酒，殿上独弹琵琶。第九，小儿队舞，亦致辞以述德美。第十，杂剧罢，皇帝起更衣。第十一，皇帝再坐，举酒，殿上独吹笙。第十二，蹴鞠。第十三，皇帝举酒，殿上独弹筝。第十四，女弟子队舞，亦致辞，如小儿队。第十五，杂剧。第十六，皇帝举酒如第二之制。第十七，奏鼓吹曲，或用法曲，或用龟兹。第十八，皇帝举酒如第二之制。第十九，用角抵。宴毕。《宋史·乐》十七而队舞制度，《东京梦华录》所载尤详。初，参军色作语，勾小儿队舞。小儿各选年十二三者二百余人，列四行；每行队头一名，四人簇拥，并小隐士帽，著绯、绿、紫、青生色花衫，上领四契义襕束带，各执花枝排定。先有四人裹卷脚帕头、紫衫者，擎一彩殿子，内金贴字牌，播鼓而进，谓之队名。牌上有一联，谓如"九韶翔彩凤，八佾舞青鸾"之句。乐部举乐，小儿队舞步进前，直叩殿陛。参军色作语问，小儿班首近前进口号。杂剧人皆打和，毕。乐作，群舞合唱。且舞且唱。又唱破子毕，小儿班首入，进致语；句杂剧入场，一场两段。内殿杂戏，为有使人在座，不敢深作谐谑，惟用群队装其似像，市语谓之拽串。杂剧毕，参军色作语，放小儿队。又群舞《应天长》曲子出场。女弟子队舞，杂剧与小儿略同，唯节次稍多，此徽宗圣节典礼也。若宴辽使，其典礼与三大宴同，惟无后场杂剧，及女弟子队舞。辽宴宋史，则酒一行，肴簌起，歌。酒二行，歌。酒三行，歌，手伎入。酒四行，琵琶独弹。饼茶，致语，食入，杂剧进。（《辽史·乐志》。）由此观之，则宋之搬演李义山，辽之搬演文宣王，既在宴时，其为杂剧无可疑也。

杂剧亦有歌词。《宋史·乐志》谓"真宗不喜郑声，而或为杂剧辞，未尝宣布于外"是也。其词如何，今不可考。唯三大宴之致辞，则由文臣为之，故宋人集中多乐语一种，又谓之致语，又谓之念语。兹录苏子瞻兴龙节集英殿宴乐语，如下节：

### 教坊致语

臣闻帝武造周，已兆兴王之迹；日符祚汉，实开受命之祥。非天私我有邦，惟圣乃作神主，仰止诞弥之庆，集于建丑之正，端玉履庭，爰讲比邻之好，虎臣在泮，复通西域之琛。式燕示慈，与人均福。恭维皇帝陛下，睿思冠古，浚哲自天。焕乎有文，日讲六经之训；述而不作，思齐累圣之仁。夷夏宅心，神人协德，卜年七百，方过历以承天，有臣三千，咸一心而戴后。彤庭振万，玉座传觞，诵干戈载戢之诗，作君臣相说之乐。斯民何幸，白首太平！臣猥以微生，亲逢盛旦，始庆猗兰之会，愿赓击壤之音。下采民言，上陈口号。

### 口 号

凛凛重瞳日月新，四方惊喜识天人，共知若木初生旦，且种蟠桃不计春。请吏黑山归属国，给扶黄发拜严宸。紫皇应在红云里，试问清都侍从臣。

### 勾合曲

祝尧之寿，既馨于欢谣，象舜之功，愿观于备乐。羽旄在列，笙磬同音，上奉严宸，教坊合曲。

### 勾小儿队

鱼龙奏技，毕陈诡异之观；髫龀成童，各效回旋之妙。

嘉其尚幼，有此良心，仰奉宸慈，教坊小儿入队。

## 队　名

"两阶陈羽籥，万国走梯航"乐队。

### 问小儿队

工师在列，各怀自献之能；侲子盈庭，必有可观之伎。未知来意，宜悉奏陈。

### 小儿致语

臣闻生民以来，未有祖宗之仁厚。上帝所眷，锡以神圣之子孙，孚佑下民，笃生我后。瞻舜瞳之日月，望尧颡之山河。若帝之初，达四聪于无外，如川方至，倾万宇以来同，恭维皇帝陛下，齐圣广渊，刚健笃实，识文武之大者，体仁孝于自然。歌《诗·思齐》，见文王之所以圣；诵《书·无逸》，法中宗之不敢康。诞日载临，舆情共祝，神策授万年之算，洛书开五福之祥。臣等嬉游天街，沐浴王化，欲陈舞蹈之意，不知手足之随。未敢自专，伏取进止。

### 勾杂剧

金奏铿钝，既度《九韶》之曲；霓裳合散，又陈八佾之仪。舞缀暂停，优伶间作。再调丝竹，杂剧来欤！

### 放小儿队

游童率舞，逐物性之熙怡；小技毕陈，识天颜之广大。清歌既阕，叠鼓频催，再拜天阶，相将归去。

### 勾女童队

垂髫在列，敛袂稍前，岂知北里之微，敢献南山之寿。霓旌坌集，金奏方谐，上奉威颜，两军女童入队。

## 队 名

"君臣千载遇，歌舞万方同"乐队。

### 问女童队

掺挝屡作，旌旆前临，顾游女之何能，造彤庭而献技。
欲知来意，宜悉奏陈。

### 女童致语

妾闻瑞虬来祥，共纪生商之兆，群龙下集，适同浴佛之
辰。佳气充庭，和声载路，辇出房而雷动，扇交翟以云开，
喜动人天，春回草木。恭维皇帝陛下，凝神昭旷，受命穆
清，三后在天，宜兴王之世有；四人迪哲，知享国之无穷。
乃眷良辰，欲均景福，庭设九宾之礼，乐歌《四牡》之章。
妾等幸觏昌期，获瞻文陛，虽乏流风之妙，愿输率舞之诚。
未敢自专，伏候进止。

### 勾杂剧

清净自化，虽莫测于宸心，诙笑杂陈，示俛同于众乐。
金丝再举，杂剧来欤！

### 放女童队

分庭久立，渐移爱日之阴；振袂再成，曲尽回风之态。
龙楼却望，鼍鼓频催。再拜天阶，相将归去。

天子大宴之典如是，民间宴会之伎乐，当仿此而稍简略。
故"乐语"一种，凡婚嫁、宴享落成时，均用之。更有于勾队、
放队外，兼作舞词者，秦观、晁无咎、毛滂、郑仅等之《调笑转
踏》是也。兹录郑仅之《调笑转踏》如下：

## 调笑转踏

良辰易失，信四者之难并；佳客相逢，实一时之盛事。用陈妙曲，上佐清欢。女伴相将，调笑入队。（此与"乐语"之勾队相当。少游作，此下尚有口号一首。）

秦楼有女字罗敷，二十未满十五余。金镮约腕携笼去，攀枝折叶城南隅。使君春思如飞絮，五马徘徊芳草路，东风吹鬓不可侵，日晚蚕饥欲归去。

归去，携笼女。南陌柔桑三月暮，使君春思如飞絮，五马徘徊频驻。蚕饥日晚空留顾，笑指秦楼归去。

石城女子名莫愁，家住石城西渡头。拾翠每寻芳草路，采莲暗过白蘋洲。五陵豪客青楼上，醉倒金壶待清唱，风高江阔白浪飞，急催艇子摇双桨。

双桨，小舟荡，唤取莫愁迎叠浪。五陵豪客青楼上，不道风高江广。千金难买倾城样，那听绕梁清唱。

绣户珠帘翠幕张，主人置酒宴华堂。相如年少多才调，消得文君暗断肠。断肠初认琴心挑，幺弦暗写相思调，今来万事不关心，此度伤心何草草。

草草，最年少，绣户银屏人窈窕，瑶琴暗写相思调，一曲关心多少！临邛客舍成都道，苦恨相逢不早。

溪溪流水武陵溪，洞里春长日月迟，红英满地无人扫，此度刘郎去后迷。行行渐入清流浅，香风引到神仙馆，琼浆一饮觉身轻，玉砌云房瑞烟暖。

烟暖，武陵晚，洞里春长花烂漫，红英满地溪流浅，渐听云中鸡犬。刘郎迷路香风远，误到蓬莱仙馆。（此下尚有九诗、九曲，分咏各事，以句调相同，故略之。）

## 放 队

新词宛转递相传，振袖倾鬟风露前，月落乌啼云雨散，游人陌上拾花钿。

今以之与"乐语"相比较，则乐语但勾放舞队，而不为之制词；而"转踏"不独定所搬演之人物，并作舞词。唯阕数之多少，则无一定。如上郑仅之《调笑》，多至十三阕；秦、毛二家各八阕，而晁无咎作，则仅七阕耳。（秦、晁、郑三家《调笑》均见《乐府雅词》，毛作见《宋六十一家词·东堂词》中。）其但作句队、遣队辞，而不为作歌词者亦有之，如洪适之《句降黄龙舞》及《句南吕薄媚舞》是也。（见《盘州文集》卷七十八。）然诸家《调笑》，虽合多曲而成，然一曲分咏一事，非就一人一事之首尾而咏之也。惟石曼卿作《拂霓裳转踏》述开元、天宝遗事（见王灼《碧鸡漫志》卷三），是为合数阕咏一事之始。今其辞不传，传者惟赵德麟（令畤）之商调《蝶恋花》，述《会真记》事，凡十阕，并置原文于曲前；又以一阕起，一阕结之。视后世戏曲之格律，几于具体而微。德麟于子瞻守颍州时，为其属官，至绍兴初尚存。其词作于何时，虽不可考，要在元祐之后、靖康之前。原词具载《侯鲭录》中，录之如下：

夫传奇者，唐元微之所述也。以不载于本集而出于小说，或疑其非是。今观其词，自非大手笔，孰能与于此？至今士大夫极谈幽玄、访奇述异，莫不举此以为美谈。至于倡优、女子，皆能调说大略。惜乎不被之以音律，故不能播之声乐，形之筦弦。好事君子，极宴肆欢之余，愿欲一听其说，或举其末而忘其本，或纪其略而不及终其篇，此吾曹之所共恨者也！今因暇日，详观其文，略其烦褻，分之为十章。每章之下，属之以词。或全摭其文，或止取其意；又别为一曲，载之传前，先叙全篇之意。调曰商调，曲名《蝶恋花》，句句言情，篇篇见意。奉劳歌伴，先听调格，后听芜词。

丽质金娥生玉殿，谪向人间，未免凡情乱。宋玉墙东流美盼，乱花深处曾相见。密意浓欢方有便，不奈浮名，便遣轻分散。最恨多才情太浅，等闲不念离人怨。

传曰：余所善张君，性温茂，美风仪，寓于蒲之普救寺。适有崔氏孀妇，将归长安，路出于蒲，亦止兹寺。崔氏妇，郑女也。张出于郑，叙其亲，乃异派之从母。是岁，丁文雅不善于军，军之徒因大扰，劫掠蒲人。崔氏之家，财产甚厚，惶骇不知所措。张与蒲将之党有善，请吏护之，遂不及难。郑厚张之德，因饰馔以命张，谓曰："姨之孤嫠未亡，提携弱子幼女，犹君之所生也。岂可比常恩哉！今俾以仁兄之礼奉见。"乃命其子曰欢郎，女曰莺莺："出拜尔兄。"崔辞以疾，郑怒曰："张兄保尔之命，宁复远嫌乎？"又久之，乃至，常服睟容，不加新饰，垂鬟浅黛，双脸桃红，而已颜色艳异，光辉动人。张惊，为之礼，因坐郑旁，凝睇丽绝，若不胜其体。张问其年几？郑曰："十七岁矣。"张生稍以词导之，宛不蒙对，终席而罢。奉劳歌伴，再和前声。

锦额重帘深几许，绣履弯弯，未省离朱户。强出矫羞都不语，绛绡频掩酥胸素。黛浅愁深妆淡注，怨绝情凝，不肯聊回顾。媚脸未匀新泪污，梅英犹带春朝露。

张生由是拳拳，愿致其情，无由得也。崔之侍儿曰红娘，私为之礼者数四矣。间遂道其衷。翌日，红娘复至，曰："郎之言所不敢忘。崔之族姻，君所详知，何不因媒而求聘焉？"张曰："余姑自孩提之时，性不苟合。昨日一夕间，几不自持。数日以来，行忘止，食忘饱，恐不逾旦！莫若因媒而娶，则数月之间，索我于枯鱼之肆矣。"红娘曰："崔之贞顺自保，虽所尊不能以非语犯之，然而善属文，往往沈吟章句，怨慕者久之；君试为谕情诗以乱之，不然，无由得也。"张大喜，立缀春词二首以授之。奉劳歌伴，再和前声。

懊恼娇娘情未惯，不道看看役得人肠断。万语千言都不管，兰房跬步如天远。废寝忘餐思想遍，赖有青鸾，不必凭鱼雁。密写香笺论缱绻，春词一纸芳心乱。

是夕红娘复至，持彩笺以授张，曰："崔所命也。"题其篇曰"明月三五夜"，其词曰："待月西厢下，临风户半开，隔墙花影动，疑是玉人来。"奉劳歌伴，再和前声。

庭院黄昏春雨霁，一缕深心，百种成牵系。青翼蓦然来报喜，花笺微谕相容意。待月西厢人不寐，帘影摇光，朱户犹慵闭。花动拂墙红萼坠，分明疑是情人至。

张亦微喻其旨。是夕，岁二月十四日矣。崔之东墙，有杏花一株，攀援可逾。既望之夕，张因梯其树所而逾焉。达于西厢，则户果半开。良久，红娘复来，连曰："至矣，至矣！"张生且喜且骇，心谓得之矣。及乎至，则端服俨容，大数张曰："兄之恩，活我家者厚矣，由是慈母以弱子幼女见依，奈何因不令之婢致淫泆之词，始以护人之乱为义，而终掠乱以求之。是以乱易乱，其去几何！诚欲寝其词，以保人之奸，不正；明之母，则背人之惠，不祥；是用托于短章，愿自陈启。犹惧兄之见难，故用鄙靡之词，以求必至，非礼之动，能不愧心？特愿以礼自待，无及于乱！"言毕，翻然而逝。张自失久之，复逾而出。由是绝望矣。奉劳歌伴，再和前声。

屈指幽期惟恐误，恰到春宵，明月当三五。红影压墙花密处，花阴便是桃源路。不谓兰诚金石固，敛袂怡声，恣把多才数。惆怅空回谁共语？只应化作朝云去。

后数日，张君临轩独寝，惊欸而起，则红娘敛衾携枕而至，抚张曰："至矣，至矣，睡何为哉！"并枕重衾而去。张生拭目危坐者久之，犹疑梦寐。俄而，红娘捧崔而至，娇羞融冶，力不能运肢体。向时之端庄不复同矣。是夕，旬有八日矣。斜月晶荧，幽辉半床，张生飘飘然，且疑神仙之徒，不谓从人间至也。有顷，寺钟鸣晓，红娘促去，崔氏娇啼宛转，红娘又捧而去。终夕无言。张生自疑于心曰："岂其梦耶？"所可明者，妆在臂，香在衣，泪光荧荧然，犹莹于茵席而已。奉劳歌伴，再和前声。

数夕孤眠如度岁，将谓今生，会合终无计。正是断肠凝望际，云心捧得常娥至。玉困花柔羞扰泪，端丽妖娆不与前时比。人去月斜疑梦寐，衣香犹在妆留臂。

此后又十数日，杳不相知。张生赋《会真诗》三十韵，未毕而红娘至。因授之以贻崔氏。自是复容之。朝隐而出，暮隐而入，同安于向所谓西厢者一月矣。张生将往长安，先以情喻之，崔氏宛无难词，然愁怨之容动人矣。欲行之再夕，不可复见，而张生遂西。奉劳歌伴，再和前声。

一梦行云还暂阻，尽把深诚，缀作新诗句；幸有青鸾堪密付，良宵从此无虚度。两意相欢朝又暮，不奈郎鞭，暂指长安路。最是动人情怨处，离情盈抱终无语。

不数月，张生复游于蒲，舍于崔氏者又累月。张生雅知崔氏善属文，求索再三，终不可见。虽待张之意甚厚，然而未尝以词继之。异时，独夜操琴，愁弄凄恻，张窃听之，求之，则不复鼓矣。张生以文调及期，又当西去；当去之夕，崔恭貌怡声，徐谓张曰："始乱之，今弃之，固其宜矣！愚不敢恨必也。君始之，君终之，亦君之惠也，又何必深憾于此行！然则君既不怿，无以奉宁。君尝谓我善鼓琴，今且往矣，既达君，此诚因命。"拂琴，鼓《霓裳羽衣序》。不数声，哀音怨乱，不复知其是曲，左右皆欷歔。崔投琴拥面泣下，趣归郑所，遂不复至。奉劳歌伴，再和前声。

碧沼鸳央交颈舞，正恁双栖，又遣分飞去。洒翰赠言终不许，援琴诉尽奴心素。曲未成声先怨慕，忍泪凝情，强作《霓裳序》。弹到离愁凄咽处，弦肠俱断梨花雨。

诘旦，张生遂行。明年，文战不利，遂止于京。因贻书于崔氏，以广其意。崔氏缄报之词，粗载于此。曰："捧览来问，抚爱过深，并惠花胜一合，口脂五寸，致耀首膏唇之饰。虽荷多惠，谁复为容！伏承便于京中就业，于进修之道，固在便安。但恨鄙陋之人，永以遐弃。命也如此，又复何言！自去秋以来，忽忽如有所失，至于梦寐之间，亦与叙感咽离忧之思。绸缪缱绻，暂若寻常，幽会未终，惊魂已断。虽半衾如暖，而思之甚遥。昔中表相因，或同宴处，兄有援琴之挑，鄙无投梭之拒。及荐枕席，义盛恩深，愚幼之情，永谓终托，岂期既见君子，不能以礼定情，致有自献之私，不复明侍巾帻，没身永恨，含叹何言！倘若仁人用心，俯遂幽劣，虽死之日，犹生之年。或如达士略情，舍小从大，以先配为丑行，谓要盟为可欺，则当骨化形销，丹诚不泯，因风委露，犹托清尘。存殁之诚，言尽于此，临纸呜咽，情不能伸。千万珍重！"奉劳歌伴，再和前声。

别后相思心目乱，不谓芳音，忽寄南来雁。却写花笺和泪卷，细书方寸教伊看。独寐良宵无计遣，梦里依稀，暂若寻常见。幽会未终魂已断，半衾如暖人犹远！

"玉环一枚，是莺幼年所弄，寄充君子下体之佩。玉取其坚洁不渝，环取其终始不绝，兼致彩丝一绚，文竹茶碾子一枚。此数者，物不足珍，意者欲君子如玉之贞，鄙志如环不解，泪痕在竹，愁绪萦丝，因物达诚，永以为好。心迹身远，拜会无期，幽愤所钟，千里神合。千万珍重！春风多厉，强饭为佳。慎自保持，勿以鄙为深念也。"奉劳歌伴，再和前声。

尺素重重封锦字，未尽幽闺，别后心中事，佩玉彩丝文竹器，愿君一见知深意。环欲长圆丝万系，竹上斑斓，总是相思泪。物会见郎人永弃，心驰魂去人千里。

张之友闻之，莫不耸异，而张之志固绝之矣。岁余，崔已委身于人，张亦有所娶，适经其所，张求以外兄见之，其夫已诺之，而崔终不为出。张君怨念之诚，动于颜色，崔知之，潜赋一诗寄张，曰："自从消瘦减容光，万转千回懒下床。不为旁人羞不起，为郎憔悴却羞郎。"然竟不之见。后数日，张君将行，崔又赋一诗以谢绝之，曰："弃置今何道，当时且自亲。还将旧来意，怜取眼前人。"奉劳歌伴，再和前声。

梦觉高唐云雨散，十二巫峰隔断相思眼，不为旁人移步懒，为郎憔悴羞郎见。青翼不来孤凤怨，路失桃源，再会终无便。旧恨新愁那计遣，情深何以情俱浅？

逍遥子曰：乐天谓微之能道人意中语，仆于是益知乐天之语为当也。何则？夫崔之才华宛美，词彩艳丽，则于所载缄书、诗章尽之矣。如其都愉淫冶之态，则不可得而见。及见其文，飘飘然仿佛出于人目前。虽丹青摹写其形状，未知能如是工且至否？仆尝采摭其意，撰成《鼓子词》十章，示余友何东白先生。先生曰：文则美矣，意犹有未尽者，胡不复为一章于其后，且具道张之于崔，既不能以理定其情，又不能合之于义。始相遇也，如是之笃，终相失也，如是之遽。必及于此，则全矣！余应之曰："先生真为文者矣。言必欲有始终、箴戒而后已。"大抵鄙靡之词，止歌其事之所可歌，不必如是之备。若夫聚散离合，亦人之常情，古今所同惜也，又况崔之始相得，而终至相失，岂得已哉！如崔已他适，而张诡计以求见，崔知张之意，而潜赋诗以谢之，其情盖有未能忘者矣。乐天曰："天长地久有时尽，此恨绵绵无绝期。"岂独主彼者耶？余因命此意，复成一阕，缀于传末。

镜破人离何处问，路隔银河，岁会知犹近。只道新来消瘦损，玉容不见空传信。弃掷前欢俱未忍，岂料盟言，陡顿无凭准。地久天长终有尽，绵绵不似无穷恨。

德麟此词，毛西河《词话》已视为戏曲之祖。然犹用通行词调，而宋人所歌，除词调外，尚有所谓大曲者。王灼《碧鸡漫志》曰"凡大曲，有散序、靸、排遍、攧、正攧、入破、虚催、实催、衮遍、歇指、杀衮，始成一曲，谓之大遍。而《凉州排遍》，予曾见一本，有二十四段。后世就大曲制词者，类从简省；而管弦家又不肯从首至尾吹弹，甚者，学不能尽"云云。此种大曲，自唐已有之。如郭茂倩《乐府诗集》所载《水调歌》《凉州》《伊州》等，叠数多寡不等，皆借名人之诗以入曲。兹录《水调歌》十一叠，如下：

### 水调歌第一

平沙落日大荒西，陇上明星高复低。孤山几处看烽火，壮士连营候鼓鞞。

### 第二

猛将关西意气多，能骑骏马弄琱戈。金鞍宝铰精神出，笛倚新翻《水调歌》。

### 第三

王孙别上绿珠轮，不羡名公乐此身。户外碧潭春洗马，楼前红烛夜迎人。

### 第四

陇头一段气长秋，举目萧条总是愁。只为征人多下泪，年年添作断肠流。

### 第五

双带仍分影，同心巧结香。不应须换彩，意欲媚浓妆。

### 入破第一

细草河边一雁飞，黄龙关里挂戎衣。为受明王恩宠甚，从事经年不复归。

### 第二

锦城丝管日纷纷，半入江风半入云。此曲只应天上有，人间能得几回闻？

### 第三

昨夜遥欢出建章，今朝缀赏度昭阳。传声莫闭黄金屋，为报先开白玉堂。

### 第四

日晚笳声咽戍楼，陇云漫漫水东流。行人万里向西去，满目关山空恨愁。

### 第五

千年一遇圣明朝，愿对君王舞细腰。乍可当熊任生死，谁能伴凤上云霄。

### 第六彻

闺烛无人影，罗屏有梦魂。近来音耗绝，终日望君门。

此种大曲，叠数既多，故于叙事尤便。于是咏事者，乃不用词调，而用大曲。《碧鸡漫志》谓："宣和初，普府守山东人王平，词学华赡，自言得《夷则商霓裳羽衣谱》，取陈鸿、白乐天《长恨歌传》，并乐天寄元微之《霓裳羽衣曲歌》，又杂取唐人小诗长句，及明皇太真事，终以微之《连昌宫词》，补缀成曲，刻板流传。曲十一段，起第四遍、第五遍、第六遍、正攧、入破、虚催、衮、实催、衮、歇拍、杀衮。"其词今不传，传者唯同时曾布所撰《水调歌头》大曲，咏冯燕事，见王明清《玉照新志》。如下：

### 水调歌头

#### 排遍第一

魏豪有冯燕，年少客幽并。击球斗鸡为戏，游侠久知名。因避仇、来东郡，元戎逼属中军。直气凌貔虎，须臾叱咤风云。懔懔座中生。偶乘佳兴。轻裘锦带，东风跃马，往来寻访幽胜。游冶出东城。堤上莺花掩乱，香车宝马纵横。草软平沙稳。高楼两岸春风，笑语隔帘声。

#### 排遍第二

袖笼鞭敲镫，无语独闲行。绿杨下，人初静，烟淡夕阳明。窈窕佳人，独立瑶阶，掷果潘郎，瞥见红颜横波盼，不胜娇软倚云屏。曳红裳，频推朱户，半开还掩，似欲倚，伊哑声里，细诉深情。因遣林间青鸟，为言彼此心期，的的深相许，窃香解珮，绸缪相顾不胜情。

#### 排遍第三

说良人渭将张婴，从来嗜酒，回家镇长酩酊狂醒。屋上鸣鸠空斗，梁间客燕相惊。谁与花为主？兰房从此，朝云夕雨两牵萦。似游丝狂荡，随风无定。奈何岁华荏苒，欢计苦难凭，惟见新恩缱绻，连枝并翼，香闺日日为郎，谁知松萝托蔓，一比一毫轻。

## 排遍第四

一夕还家醉，开户起相迎。为郎引裾相庇，低首略潜形。情深无隐，欲郎乘间起佳兵。授青萍，茫然抚弄，不忍欺心。尔能负心于彼，于我必无情。熟视花钿不足，刚肠终不能平。假手迎天意，一挥霜刃，窗间粉颈断瑶琼。

## 排遍第五

凤皇钗、宝玉凋零，惨然怅，娇魂怨，饮泣吞声。还被凌波唤起，相将金谷同游，想见逢迎处，揶揄羞面，妆脸泪盈盈。醉眠人，醒来晨起，血凝蝼首，但惊喧，白邻里，骇我卒难明。致幽囚推究，覆盆无计哀鸣。丹笔终诬服，圜门驱拥，衔冤垂首欲临刑。

## 排遍第六（带花遍）

向红尘里，有喧呼攘臂，转身辟众，莫遣人冤滥、杀张室，忍偷生。僚吏惊呼呵叱，狂辞不变如初，投身属吏，慷慨吐丹诚。仿佛缧绁，自疑梦中，闻者皆惊叹，为不平。割爱无心，泣对虞姬，手戮倾城宠。翻然起死，不教仇怨负冤声。

## 排遍第七（撷花十八）

义城元靖贤相国，嘉慕英雄士，赐金缯。闻此事，频叹赏，封章归印。请赎冯燕罪，日边紫泥封诏，阖境赦深刑。万古三河风义在，青简上、众知名。河东注，任流水滔滔，水涸名难泯。至今乐府歌咏，流入管弦声。

此大曲之《水调歌头》，与词之《水调歌头》字数、韵数，均不相合，又间有平仄通押之处。稍后，有董颖者（颖字仲达，绍兴间人，尝从汪彦章、徐师川游。彦章为作序，见陈振孙《书录解题》），作道宫《薄媚》大曲咏西子事，亦然。陈氏《乐书》谓："优伶常舞大曲，唯一工独进，但以手袖为容，蹑足为节，其妙串者，虽风骞鸟旋不逾其速矣。然大曲前缓叠不舞，至入破，则羯鼓、襄鼓、大鼓与丝竹合作，句拍益急。舞者入场，投节制容，故有催拍、歇拍，姿制俯仰，百态横出。"（《乐书》一百八十五卷。）曾氏《水调歌》至排遍第七而止，故伴以舞与否，尚未可知。董氏《薄媚》则自排遍第八起，经入破，以至杀衮。其必兼具歌舞，无可疑者。其词见曾慥《乐府雅词》，兹录之如下：

### 道宫薄媚

#### 排遍第八

怒涛卷雪，巍岫布云，越襟吴带如斯。有客经游，月伴风随，值盛世，观此江山美，合放怀，何事却兴悲？不为回头，旧谷（疑国之误）天涯，为想前君事，越王嫁祸献西施，吴即中深机。　　阖庐死，有遗誓，勾践必诛夷。吴未干戈出境，仓卒越兵，投怒夫差，鼎沸鲸鲵。越遭劲敌，可怜无计脱重围。归路茫然，城郭丘墟，飘泊稌山里。旅魂暗逐战尘飞，天日惨无辉。

#### 排遍第九

自笑平生，英气凌云，凛然万里宣威。那知此际，熊虎途穷，来伴麋鹿卑栖。既甘臣妾，犹不许，何为计。

争若都燔宝器，尽诛吾妻子，径将死战决雄雌，天意恐怜之。　　偶闻太宰正擅权，贪略市恩私。因将宝玩献诚，虽脱霜戈，石室囚系，忧嗟又经时，恨不如巢燕自由归。残月朦胧，寒雨潇潇，有血都成泪。备尝险厄反邦畿，冤愤刻肝脾。

## 第十撷

种陈谋，谓吴兵正炽，越勇难施。破吴策，惟妖姬。有倾城妙丽，名称（一作字）西子。岁方笄。算夫差惑此，须致颠危。范蠡微行，珠贝为香饵。苎萝不钓钓深闺，吞饵果殊姿。　　素肌纤弱，不胜罗绮。鸾镜畔，粉面淡匀，梨花一朵琼壶里。嫣然意态娇春，寸眸剪水，斜鬟松翠。人无双、宜名动君王，绣履容易，来登玉陛。

## 入破第一

窣湘裙，摇汉佩，步步香风起。敛双蛾，论时事，兰心巧会君意。殊珍异宝，犹自朝臣未与，妾何人，被此隆恩，虽令效死。奉严旨。　　隐约龙姿忻悦，重把甘言说（悦、说二字皆韵，此为四声通押之祖）。辞俊雅，质娉婷，天教汝、众美兼备。闻吴重色，凭汝和亲，应为靖边陲。将别金门，俄挥粉泪，净妆洗。

## 第二虚催

飞云驶。香车故国难回睇。芳心渐摇，迤逦吴都繁丽。忠臣子胥，预知道为邦祟。谏言先启。愿勿容其至。周亡褒姒，殷倾妲己。　　吴王却嫌胥逆耳，才经眼，便深恩爱。东风暗绽娇蕊。彩鸾翻妒伊。得取次、子飞共戏。金屋看承，他宫尽废。

### 第三衮遍

华宴夕，灯摇醉。粉菡萏，笼蟾桂。扬翠袖，含风舞，轻妙处，惊鸿态。分明是。瑶台琼榭，阆苑蓬壶，景尽移此地。花绕仙步，莺随管吹。　　宝帐暖留春，百和馥郁融鸳被。银漏永，楚云浓，三竿日、犹褪霞衣。宿酲轻腕，嗅宫花，双带系。合同心时。波下比目，深怜到底。

### 第四催拍

耳盈丝竹，眼摇珠翠。迷乐事。宫闱内。争知。渐国势陵夷。奸臣献佞，转恣奢淫，天谴岁屡饥。从此万姓离心解体。　　越遣使。阴窥虚实，蚤夜营边备。兵未动，子胥存，虽堪伐、尚畏忠义。斯人既戮，且又严兵卷土，赴黄池观衅，种蠡方云可矣。

### 第五衮遍

机有神，征鼙一鼓，万马襟喉地。庭喋血，诛留守，怜屈服，罢兵还，危如此。当除祸本，重结人心，争奈竟荒迷。战骨方埋，灵旗又指。　　势连败。柔荑携泣。不忍相抛弃。身在兮，心先死，宵奔兮，兵已前围。谋穷计尽，唳鹤啼猿，闻处分外悲。丹穴纵近，谁容再归？

### 第六歇拍

哀诚屡吐，甬东分赐。垂莫日，置荒隅，心知愧。宝锷红委。鸾存凤去，辜负思怜，情不似虞姬。尚望论功，荣归故里。　　降令曰，吴无赦汝，越与吴何异？吴方怨，越方疑，从公论、合去妖类。蛾眉宛转，竟殒鲛绡，香骨委尘泥。渺渺姑苏，荒芜鹿戏。

## 第七煞衮

王公子。青春更才美。风流慕连理。耶溪一日，悠悠回首凝思。云鬟烟鬓，玉珮霞裾，依约露妍姿。送目惊喜，俄迁玉趾。　　同仙骑。洞府归去，帘栊窈窕戏鱼水。正一点犀通，遽别恨何已！媚魄千载，教人属意。况当时。金殿里。

曲文迄于宋南渡之初，所可考见者仅此。宋吴自牧《梦粱录》载，谓"汴京教坊大使孟角毬曾做杂剧本子，葛守诚撰四十大曲"，殆即此类。此后如周密《武林旧事》所载南宋官本杂剧段数，陶宗仪《辍耕录》所载金人院本名目中，其目之兼举曲调名者，犹当与曾、董大曲不甚相远也。

今以曾、董大曲与真戏曲相比较，则舞大曲时之动作皆有定制，未必与所演之人物所要之动作相适合。其词亦系旁观者之言，而非所演之人物之言，故其去真戏曲尚远也。至由叙事体而变为代言体，由应节之舞蹈而变为自由之动作，北宋杂剧已进步至此否，今阙无考。以后杨诚斋《归去来辞引》（《诚斋集》卷九十七），其为大曲，抑自度腔，均不可知。然已纯用代言体，兹录于下：

## 归去来辞引

侬家贫甚诉长饥，幼稚满庭闹。正坐瓶无储粟，漫求为吏东西。

偶然彭泽近邻圻，公秫滑流匙，葛巾劝我求为酒，黄菊怨、冷落东篱。五斗折腰，谁能许事，归去来兮。

老圃半榛茨，山西欲蕨藜，念心为形役又奚悲！独惆怅前迷，不谏后方追，觉今来是了，觉昨来非。

扁舟轻飔破朝霏，雨细漫吹衣。试问征夫前路，晨光小，恨熹微。

乃瞻衡宇载奔驰，迎候满荆扉。已荒三径存松菊，喜诸幼、入室相携。有酒盈樽，引觞自酌，庭树遣颜怡。

容膝易安栖，南窗寄傲睨，更小园日涉趣尤奇。尽虽设柴门，长是闭斜晖。纵遐观矫首，短策扶持。

浮云出岫岂心田，鸟倦亦归飞，翳翳流光将入，孤松抚处凄其。

息交绝友堑山溪，世与我相违，驾言复出何求者，旷千载、今欲从谁？亲戚笑谈，琴书觞咏，莫遣俗人知。

解后又春熙，农人欲载菑，告西畴有事要耘耔。容老子舟车，取意任委蛇。历崎岖窈窕，丘壑随宜。

欣欣花木向荣滋，泉水姑流湍。万物得时如许，此生休笑吾衰。

寓形宇内几何时？岂问去留为！委心任运何多虑，顾遑遑、将欲何之？大化中间，乘流归尽，喜惧莫随伊。

富贵本危机，云乡不可期。趁良辰、孤往恣游嬉。独临水登山，舒啸更哦诗，除乐天知命，了复奚疑。

此曲不著何调，前后凡四调，每调三叠，而十二叠通用一韵。其体于大曲为近。虽前此如东坡《哨遍》隐括《归去来辞》者，亦用代言体；然以数曲代一人之言，实自此始。要之，曾、董大曲开董解元之先，此曲则为元人套数杂剧之祖。故戏曲之不始于金元，而于有宋一代中变化者，则余所能信也。若宋末之戏曲，则具于《曲录》卷一，兹不复赘。

# 古剧脚色考

　　戏剧脚色之名，自宋元迄今，约分四色，曰生、旦、净、丑，人人之所知也。然其命名之义，则说各不同。胡应麟曰："凡传奇以戏文为称也，亡往而非戏也。故其事欲谬悠而无根也，其名欲颠倒而亡实也，反是而欲求其当焉，非戏也。故曲欲熟而命以生也，妇宜夜而命以旦也，开场始事而命以末也，涂污不洁而命以净也：凡此，咸以颠倒其名也。"（《少室山房笔丛》卷四十。）此一说也。然胡氏前已有为此说者，故祝允明《猥谈》驳之曰："生、净、旦、末等名，有谓反其事而称，又或托之唐庄宗，皆缪云也。此本金元阛阓谈唾，所谓'鹘伶声嗽'，今所谓市语也。生即男子，旦曰妆旦色，净曰净儿，末曰末尼，孤乃官人，即其土语，何义理之有？《太和谱》略言之。"（《续说郛》卷四十六。）此又一说也。国朝焦循又为之说曰："元曲无生之称，末即生也。今人名刺，或称晚生，或称晚末、眷末，或称眷生，然则生与末为元人之遗。"（《易余籥录》卷十七。）此又一说也。胡氏颠倒之说，似最可通。然此说可以释明脚色，而不足以释宋元之脚色。元明南戏，始有副末开场之例，元北剧已不然，而末泥之名，则南宋已有之矣。净之傅粉墨，明代则然，元代已不可考；而副靖之名，则北宋已有之矣。此皆不可通者也。焦氏释末，理或近之，然末之初，固称末尼。至净、丑二色，则又何说焉？三说之中，自以祝氏为稍允。但其说至简，无所证明，而《太和正音谱》《坚瓠集》所举各解又复支离怪诞，不可究诘。今就唐宋迄今剧中之脚色，考其渊源变化，并附以私见，但资他日之研究，不敢视为定论也。

## 参军　副靖　副净　净

参军之源，其说有二：《乐府杂录》云："始自后汉馆陶令石耽，耽有赃犯，和帝惜其才，免罪，每宴乐，即令衣白夹衫，命俳优弄辱之，经年乃放，后为参军。误也。"《赵书》曰："石勒参军周延，为馆陶令，断官绢数百匹，下狱，以八议宥之。后每大会，使俳优著介帻、黄绢、单衣，优问：'汝何官，在我辈中？'曰：'我本为馆陶令。'斗数单衣曰：'正坐取是，入汝辈中。'以为笑。"（《太平御览》卷五百六十九引）二说未知孰是。（或谓后汉未有参军官，故段说不足信。案司马彪《续汉志》，虽无参军一官，然《宋书·百官志》则谓参军，后汉官孙坚为车骑参军是也。则和帝时，或已有此官，亦未可知。）要之，唐以前已有此戏，但戏名而非脚色名也。《杂录》又云："开元中，有黄幡绰、张野狐弄参军，又有李仙鹤善此戏，明皇时授韶州同正参军，以食其禄。"其为戏名或脚色名，尚未可定。惟赵璘《因话录》云："肃宗宴于宫中，女优有弄假官戏，其绿衣秉简者，谓之参军桩。"（卷一。）则似已为脚色之称。至五代犹然。《吴史》云："徐知训怙威骄淫，调谑王（杨隆演）无敬长之心。尝登楼狎戏，荷衣木简，自号参军，令王髡髵鹑衣为苍头以从。"（宋姚宽《西溪丛语》卷下引，又《五代史·吴世家》略同。）又谓之陆参军。《云溪友议》云"元稹廉访浙东，有俳优周季南、季崇及妻刘采春自淮甸而来，善弄陆参军，歌声彻云"（卷九）是也。北宋则谓之参军色（《东京梦华录》），为俳优之长。又观《夷坚志》（丁集卷四）、《桯史》（卷七及卷十）、《齐东野语》（卷十三及卷二十）所载参军事，其所搬演，无非官吏，犹即唐之假官戏也。其服色，在唐以前，则或白、或黄、或绿，宋亦谓之绿衣参军（《桯史》卷十）。唐时，则手执木简，宋则手执竹竿拂子（《东京梦华录》），或执杖（《齐东野语》卷一十），故亦谓之竹竿子（史浩《鄮峰真隐漫录》卷四十五），又谓之副净。陶宗仪云："副净，古谓之参军。"（《辍耕录》卷二十五。）宁献王云："靓，古谓参军。"（《太和正音谱》卷首。）然考之北宋，已有副靓之名。黄山谷词所谓"副靓传语木大"是也。又谓之次净。（《武林旧事》卷四。）宋元人书中，但有副净而无净。单云净者，始于《太和正音谱》。（《元曲选》有净，然恐经明人删改。）余疑"净"即"参军"之促音，"参"与"净"为双声，"军"与"净"似叠韵，"参军"之为"净"，犹"勃提"之为"披"、"郱娄"之为"邹"也。

副净之为参军，惟《辍耕录》《太和正音谱》始言之。其说果可信否，亦在所当研究者。今以二书所云副净事，较之宋人所纪参军事，颇相符合。《辍耕录》云："鹘能击禽鸟，末可打副净。"《正音谱》云："副末执磕瓜以朴靓。"今案《夷坚志》

（丁志卷四）云："崇宁初，伶者对御为戏，推一参军作宰相，（中略）副者举所挺杖击其背。"《桯史》（卷七）云："绍兴十五年，就秦桧第赐宴。假以教坊优伶，（中略）有参军者前，褒桧功德，一伶以荷叶交倚从之，（中略）参军将就倚，忽坠其幞头，（中略）伶遽以朴击其首。"《齐东野语》（卷十三）云："内宴日，参军四筵张乐，胥辈请金文书，（中略）胥击其首。"由此三事，则副净之为参军，无可疑也。惟《齐东野语》（卷二十）别记一事，则适与之反。云：宣和间，徽宗与蔡攸辈在禁中，自为优戏。上作参军趋出，攸戏上曰：'陛下好个神宗皇帝。'上以杖鞭之云：'你也好个司马丞相。'"岂因徽宗自作参军，臣不可击君，故变其例欤？然《容斋随笔》（卷十四）云："士之处世，视富贵利禄，当如优伶之为参军，方其据几正坐，噫呜诃箠，群优拱而听命，戏罢，则亦已矣。"则参军自诃箠之事，至《东京梦华录》所云，参军色手执竹竿拂子，此当用以指挥，非用以击人。又细绎《夷坚志》所云，"推参军一人作宰相，（中略）其副者举所挺杖击之"，"其副者"三字，当指参军之副，即谓"副净"也。如此则击人者为副净，而被击者为净。副净本参军之副，故宋人亦呼为"参军"。此说虽属想像，或足证净为参军之促音欤。

## 末尼　戏头　副末　次末　苍鹘

末之名，始见于《武林旧事》（卷四）所记"杂剧三甲"，每甲各有戏头、引戏、次净、副末，或加装旦。又有单称末者，同卷载乾淳教坊乐部杂剧色，德寿宫有盖门庆，下注云末是也。

《梦粱录》（卷二十）谓之末泥，曰：杂剧中，末泥为长，每一场四人或五人。（中略）末泥色主张，引戏色分付，副净色发乔，副末色打诨，或添一人，名曰装孤。《辍耕录》所载院本五人，同。以此与《武林旧事》相比较，则四人中有末泥而无戏头，然既云末泥为长，则末泥即戏头也。案《宋史·乐志》，大乐有舞头、引舞，戏头、引戏，殆仿大乐为之。末泥之名，不知所自出。隋龟兹部歌曲，有《善善摩尼》（《隋书·音乐志》），唐羯鼓食曲（此二字有讹阙）有《居摩尼》（南卓《羯鼓录》）。案：摩尼，梵语谓珠。《翻译名义集》云：摩尼，正云末尼。末尼之名，或自曲名出。而至南宋初，始见载籍。又似后起之名矣。然《梦华录》（九）云："圣节大宴，第一盏，御酒，舞旋多是雷中庆，舞曲破擪前一遍，舞者入场，至歇拍，续一人入场，对舞数拍，前舞者退，独后舞者终其曲，谓之舞末。"此条言舞大曲，似与脚色无涉，然脚色中戏头、引戏，均出于舞头、引舞（见前），则末泥之名，亦当自"舞末"山。长言之则为末泥，短言之则为末。前疑其出于曲名者，非也。

副末之名，北宋已有之。《渔隐丛话》前集（三十）引王直方《诗话》"欧阳公《归田乐》四首，只作二篇，馀令圣俞续之。及圣俞续成，欧阳公一简谢之云'正如杂剧人上名下韵不来，须副末接续。家人见诮，好时节将诗去人家厮搅，不知吾辈用以为乐'"云云，可证也。《武林旧事》又作次末。《辍耕录》云：副末，古谓之苍鹘；又云：鹘能击禽鸟，末可打副净。《太和正音谱》亦云。今案《李义山集·骄儿》诗："忽复学参军，案声唤苍鹘。"《五代史·吴世家》云：徐氏之专政也，隆演幼懦，不能自持，而知训尤凌侮之。尝饮酒楼上，命优人高贵卿侍酒，知训为参军，隆演鹑衣髡髻为苍鹘。（《西溪丛语》引《吴史》作苍头，复据《五代史》正之。）则唐五代时，与参军相对演者为苍鹘。如宋时副末之对副净也。《辍耕录》之说，殆以此二事为根据，其他则不能证之矣。

顾事有不可解者，则宋时但见副靖、次净之名，而不见有净。又多云次末、副末，而罕云末是也。窃疑净苟为参军之促音，而宋之参军色恒为俳优之长。至南宋之季，则末泥为长，职在主张，故入场搬演者，只有副净、副末，而净、末反罕闻，其故或当如此欤。

## 引戏　郭郎　郭秃

引戏之名，始见于《武林旧事》《梦粱录》。然其实则唐已有之。《乐府杂录》"傀儡"条云："其引歌舞有郭郎者，发正秃，善优笑，闾里呼为郭郎，凡戏场必在俳儿之首。"案《颜氏家训·书证篇》："或问俗名傀儡子为郭秃，有故实乎？答曰：《风俗通》云，诸郭皆讳秃，当是前世有姓郭而病秃者，滑稽调戏，故后人为其象，呼为郭秃，犹文康象庾亮尔。"如此，则北朝已有郭郎之戏。且其人当在汉世矣。宋之引戏即郭郎之遗否，今不可考。《太和正音谱》云："引戏，院本中狙也。"考《武林旧事》，则"杂剧三甲"中，刘景长一甲，有引戏，又有装旦，则其说殆不可信。或此色可兼扮男女欤？

## 旦 姐 狙

旦、姐二名，始见于《武林旧事》《梦粱录》。然搬弄妇女，其事颇古。《汉书·郊祀志》："紫坛伪设女乐。"裴松之《三国志注》引《魏书》司马景王奏永宁宫曰："皇帝日延小优郭怀、袁信于广望观下，作辽东妖妇。"而北齐《踏谣娘》戏，亦以丈夫著妇人衣为之。（《教坊记》。）《隋书·音乐志》："周宣帝即位，广召杂伎，增修百戏，（中略）好令城市少年有容貌者，妇人服而歌舞相随，引入后庭，与宫人观听。"又云："大业中，每岁正月，万国来朝，留至十五日，于端门外建国门内，绵亘八里，列为戏场，（中略）其歌舞者，多为妇人，服鸣环佩，饰以花毦者，殆三万人。初课京兆河南，制此衣服，而两京缯锦为之中虚。"故柳彧请禁正月十五日角抵戏，曰："人戴兽面，男为女服。"（《柳彧传》。）迄于唐初，此风犹盛。武德元年，万年县法曹孙伏伽上书曰"百戏、散乐，本非正声，有隋之季，始见崇用，此谓淫风，不可不改。近者，太常官司于人间，借妇女裙襦五百余具，以充散乐之服"云云。（《唐会要》卷三十四并两《唐书·孙伏伽传》。）后谓之弄假妇人。《乐府杂录》云"咸通以来，即有范传康、上官唐卿、吕敬迁三人弄假妇人"是也。则旦之实，唐以前既有之矣。至旦之名所由起，则说又不一。近人长沙杨恩寿云："自北剧兴，男曰末，女曰旦，南曲虽稍有更易，而旦之名不改。不解其义。案《辽史·乐志》：'大乐有七声，谓之七旦。'凡一旦司一调，（中略）此外又有四旦二十八调，（中略）所谓旦者，乃司乐之总名，金元相沿，遂命歌伎领之，后改为杂剧，不皆以倡伎充旦，则以优之少者假扮为女，渐失其真。"（《词余丛话》卷一。）此说全无根据。其误解《辽志》，又大可惊异也。《辽志》所谓婆陀力旦、鸡识旦、沙识旦、沙侯加滥旦者，皆声之名，犹言宫声、商声、角声、羽声也。杨氏谓为司乐之总名，殊属杜撰。且旦之名，岂独始见于《辽志》而已。《隋书·音乐志》已有之。《隋志》云：苏祇婆父在西域，称为知音，代相传习，调有七种，以其七调，勘校七声，冥若合符。一曰婆陁力，华言平声，即宫声也。（中略）就此七调，又有五旦之名，旦作七调，以华言译之，旦者则谓均也。其声亦应黄钟、大簇、林钟、南吕、姑洗，五均已外，七律更无调声。以此观之，则《辽志》所谓旦，即《隋志》所谓声。《隋志》之旦，以律吕为经，而以宫商纬之。郑译之八十四调是也。《辽志》之旦，以宫商角羽四声为经，而以律吕纬之。隋唐以来之燕乐二十八调是也。此点虽异，而其以旦统调则所同也。核此二解，都非司乐之名；即使旦之名果出于辽，则或由妇人之声多用四旦中之某旦，而婆陀力旦、鸡识旦之名，本为雅言，伶人所不能解，故后略称旦耳。此想象之说，或较杨说为通。要之，旦名之所本虽不可知，然宋金之际，必呼妇人为旦，故宋杂剧有装旦，装旦之为假妇人，犹装孤之为假官也。至于元人，犹目张奔儿为风流旦，李娇儿为温柔旦（《青楼集》），此亦旦本伎女之称之一证。若《坚瓠集》引《庄子》"爰猵狙以为雌"之说，则更无讥焉。

## 冲末　小末　二末　老旦　大旦　小旦　细旦　色旦
## 搽旦　花旦　外旦　贴旦　外　贴

前论四色，乃宋金脚色之最著者，至元剧，而末旦二色支派弥多。正末副末之外，有冲末、小末，而小末又名二末。旦则正旦外，有老旦、大旦、小旦、色旦、搽旦、外旦、旦儿，（焦循《易余籥录》曾从元曲钩稽出之，兹据其说。）而《武林旧事》《梦粱录》尚有细旦，《青楼集》又有软末泥、驾头、花旦之名；又云：凡妓以墨点破其面者为花旦。盖即元曲之色旦、搽旦也。元曲有外旦无外末，而又有外；外则或扮男，或扮女，外末、外旦之省为外，犹贴旦之后省为贴也。案宋制，凡直馆（史馆）院（崇文院）则谓之馆职，以他官兼者，谓之贴职（《宋史·职官志》）；又《武林旧事》（卷四）载乾淳教坊乐部，有衙前，有和顾，而和顾人如朱和、蒋宁、王原全下，皆注云"次贴衙前"。意当与贴职之贴同，即谓非衙前而充衙前也。然则曰冲，曰外，曰贴，均系一义，谓于正色之外，又加某色以充之也。至明代传奇，但省作贴，则义不可通。幸《元曲选》尚存外旦、贴旦之名，得以考外与贴之本义。但南宋官本杂剧段数，已有《喝贴万年欢》，《辍耕录》金院本名目，有《贺贴万年欢》。贺贴、喝贴，或有他义，或宋金已省作贴，则不可考矣。

### 孤

《太和正音谱》云："孤，当场装官者。"证以院本名目之"孤下家门"及现存元曲，其说是也。《辍耕录》谓之"孤装"，而《梦粱录》则作"装孤"。以《武林旧事》之装旦例之，则装孤为长。孤之名或官之讹转，或以其自称孤名之也。

## 捷机　捷讥

《太和正音谱》角色中有"捷讥"，此名亦始于宋。《武林旧事》（卷六）《诸色伎艺人》"商谜"条有捷机和尚。"捷机"即"捷讥"，盖便给有口之谓。明周宪王《吕洞宾花月神仙会》杂剧所载古院本，犹有捷讥色，所扮者为蓝采和，自号乐官，则《正音谱》所谓俳优称为乐官者是也。

## 痴大　木大　咸淡　婆罗　鲍老　孛老　卜儿　鸹

此外古脚色之可考者，则有痴大，有咸淡，有婆罗，皆始于唐。《朝野佥载》谓散乐高崔嵬善弄痴大，而宋亦有"木大"，陶谷《清异录》（二）："长沙狱掾任兴祖，拥驺吏出行，有卖药道人行吟曰：'无字歌，呵呵亦呵呵，哀哀亦呵呵，不似荷叶参军子，人人与个拜，木大作厅上假阎罗。'"黄山谷词："副靖传语木大，鼓儿里且打一和。"金院本名目有《呆木大》。本大，疑即唐之"痴大"，又与副靖对举，其为脚色无可疑也。《乐府杂录》"俳优"条，弄参军外，又云："武宗朝，有曹叔度、刘泉水咸淡最妙；咸通以来，即有范传康、上官唐卿、吕敬迁三人，弄假妇人。"如此二句相承，则咸淡为假妇人之始。且之音当由咸淡之淡出。若作二事解，则咸淡亦一种脚色。今宋官本杂剧有《医淡》《论淡》二本，金院本名目有《下角瓶大医淡》《打淡的》《照淡》三本。淡或犹咸淡之略也。《杂录》又云："弄婆罗，大中初有康乃、李百魁、石宝山。"婆罗，疑婆罗门之略。至宋初转为鲍老。杨大年《傀儡诗》云："鲍老当筵笑郭郎，笑他舞袖太郎当，若教鲍老当筵舞，转更郎当舞袖长。"（陈师道《后山诗话》。）至南宋时，或作抱锣。《梦华录》（七）云："宝津楼前百戏，有假面披发，口吐狼牙烟火，如鬼神状者上场。著青帖金花短后之衣，帖金皂袴，手携大铜锣，随身步舞而进退，谓之抱锣。绕场数遭，或就地放烟火之类。"抱锣即鲍老，以此际偶携锣，遂讹为抱锣耳。然舞队犹有《大小斫刀鲍老》（《武林旧事》）、《倬刀鲍老》（《梦粱录》）等名，又南北曲调以"鲍老"名者殆以十数。金元之际，鲍老之名分化而为三：其扮盗贼者，谓之邦老；扮老人者，谓之孛老；扮老妇者，谓卜儿。皆鲍老一声之转，故为异名以相别耳。《太和正音谱》之鸨，则又卜儿之略云。

## 俫 爷老 曳剌 酸 细酸 邦老

孛老、卜儿，皆脚色之表示年齿者。俫儿之表童子亦然。俫，始见金院本名目，及元曲，其义未详。此外脚色，又有表所扮之人之职业地位者，如曳剌、细酸、邦老是也。曳剌，本契丹语，唐人谓之曳落河。《旧唐书·房琯传》："琯临戎谓人曰：'逆党曳落河虽多，岂能当我刘秩等。'"《辽史》作拽剌，《百官志》有拽剌军详稳司，旗鼓拽剌详稳司，千拽剌详稳司，猛拽剌详稳司。又云，走卒谓之拽剌。《武林旧事》作爷老，其所载官本杂剧，有《三爷老大明乐》《病爷老剑器》二本，当即辽之拽剌也。元马致远《荐福碑》杂剧中尚有曳剌为胥役之名，此即

《辽志》走卒谓之拽刺之证。细酸始见元曲，前单称酸。宋官本杂剧之《急慢酸》，金院本名目之《合房酸》等是也。胡氏《笔丛》（卷四十）云："世谓秀才为措大，元人以秀才为细酸，《倩女离魂》首折，末扮细酸为王文举是也。"今臧刻《倩女离魂》无细酸字，当经明人删改。余所见明周宪王《张天师明断辰勾月》杂剧，犹有末扮细酸上云云，则明初犹用此语矣。邦老之名，见于元人《黄粱梦》《合汗衫》《碌砂担》诸剧，皆杀人贼，其所自出，当如上节所云。而金人院本名目所载"邦老家门"二本，一曰《脚言脚语》，一曰《则是便是贼》，则此语确为金元人呼盗贼之称矣。

## 厥 偌 哮 郑 和

宋金杂剧院本中，有似脚色而非脚色，且其名义不可解者，如厥，如偌，如哮，如郑，如和是也。宋官本杂剧之以厥名者，如《赶厥夹六么》《赶厥胡渭州》《赶厥石州》《双厥投拜》是。其以偌名者，则宋官本杂剧有《催妆贺皇恩》，下注云"三偌"，又有《三偌慕道六么》《偌卖旦长寿仙》《四偌皇州》《槛偌保金枝》《强偌三乡题》《三偌一赁驴》，金院本名目亦有《偌卖旦》《恨秋风鬼点偌》《四偌大提猴》《三偌一卜》《四偌贾诩》《四偌祈雨》《四偌抹紫粉》《四偌劈马椿》《偌请都子》诸本。其以哮名者，则官本杂剧《扯拦六么》下，注云"三哮"，又有《四哮梁州》《双哮新水》《双哮采莲》《三哮卦铺儿》《三哮揭榜》《三哮上小楼》《三哮文字儿》《三哮好女儿》《三哮一担脚》诸本，此外又有《双拦哮六么》《谥哮合房》《谥哮店休妲》

《儳哮负酸》四本，则哮殆拦哮，或儳哮之略。其以郑名者，则有《病郑逍遥乐》《四郑舞杨花》二本。以和名者，则有《孤和法曲》《病和采莲》二本。以《双旦降黄龙》《病孤三乡题》诸本例之，谓厥、偌、哮、郑、和等，非脚色之名或假脚色（如爷老、邦老之类）之名不可也。至其名义，则尤晦涩。厥之为义，虽宋人亦所不解。欧阳公《六一诗话》云："陶谷尚书尝曰：尖檐帽子卑凡厮，短勒靴儿末厥兵。末厥，亦当时语，余天圣景祐间，已闻此句，时去陶公尚未远，人皆莫晓其义。"刘贡父《诗话》云："今人呼秃尾狗为厥，衣之短后者亦曰厥。故欧公记陶尚书语末厥兵，则此兵正谓末贼耳。"李治《敬斋古今黈》（卷八）则曰："末厥，盖俗语也。犹今俚语俗言木厥云耳。木厥者，木强刁厥之谓。"刘李二说，不同如是。余意末厥兵必三字相连为一俗语，厥之名或自此出。至偌之音则与查近，《封氏闻见记》（十）"近代流俗，呼丈夫妇人纵放不拘礼度者为'查'。又有百数十种语，自相通解，谓之'查谈'。大抵迫猥僻"云云。则偌或为轻薄子之称。若哮、郑、和，则其意全不可解，姑举于此，以俟后日之研究耳。

## 丑　生

宋元戏剧脚色之可举者如下。惟丑之名，虽见《元曲选》，然元以前诸书，绝不经见。或系明人羼入。然丑虽始于明，其名亦必有所本。余疑丑或由五花爨弄出。《辍耕录》云："院本又谓之五花爨弄。或曰，宋徽宗见爨国人来朝，衣装鞋履，巾裹、傅粉墨，举动皆如此，使优人效之以为戏。"（卷二十五。）而宋官本杂剧，金院本名目之以爨名者，不可胜数。爨与丑本双声字，又爨字笔画甚繁，故省作丑，亦意中事。其傅粉墨一事，亦恰与丑合。则此色亦宋世之遗。至明代以后，脚色除改末为生外，固不出元脚色之外矣。

## 余说一

综上文所考者观之，则隋唐以前，虽有戏剧之萌芽，尚无所谓脚色也。参军所搬演，系石耽或周延故事。唐中叶以后，乃有参军、苍鹘，一为假官，一为假仆，但表其人社会上之地位而已。宋之脚色，亦表所搬之人之地位、职业者为多。自是以后，其变化约分三级：一表其人在剧中之地位，二表其品性之善恶，三表其气质之刚柔也。宋之脚色，以副净为主，副末次之。然宋剧之以旦、以孤名者，不一而足，知他色亦有当场者矣。元杂剧中，则当场唱者惟正末、正旦。如《气英布》《单鞭夺槊》二剧，第四折均以探子唱，则以正末扮探子。《柳毅传书》第二折，用电母唱，则以正旦扮电母。虽剧中之主人翁，苟于此折中不唱，则亦退居他色，故元剧脚色，全以唱不唱定之。南曲既出，诸色始俱唱，然一剧之主人翁，犹必为生旦，此皆表一人在剧中之地位，虽在今日，犹沿用之者也。至以脚色分别善恶，事亦颇古。《梦粱录》记南宋影戏曰："公忠者雕以正貌，奸邪者刻以丑形，盖亦寓褒贬于其间。"（卷二十。）影戏如此，真戏可知。元明以后，戏剧之主人翁，率以末旦或生旦为之，而主人之中多美鲜恶，下流之归，悉在净丑。由是脚色之分，亦大有表示善恶之意。国朝以后，如孔尚任之《桃花扇》，于描写人物，尤所措意。其定脚色也，不以品性之善恶，而以气质之阴阳刚柔，故柳敬亭、苏昆生之人物，在此剧中，当在复社诸贤之上，而以丑、净扮之，岂不以柳素滑稽，苏颇倔强，自气质上言之当如是耶？自元迄今，脚色之命意，不外此三者，而渐有自地位而品性，自品性而气质之势，此其进步变化之大略也。

夫气质之为物，较品性为著。品性必观其人之言行而后见，气质则于容貌举止声音之间可一览而得者也。盖人之应事接物也，有刚柔之分焉，有缓急之殊焉，有轻重强弱之别焉。此出于祖父之遗传，而根于身体之情状，可以矫正而难以变革者也。可以之善，可以之恶，而其自身非善非恶也。善人具此，则谓之刚德柔德；恶人具此，则谓之刚恶柔恶；此种特性，无以名之，名之曰气质。自气质言之，则亿兆人非有亿兆种之气质，而可以数种该之。此数种者，虽视为亿兆人气质之标本可也。吾中国之言气质者，始于《洪范》三德，宋儒亦多言气质之性，然未有加以分类者。独近世戏剧中之脚色隐有分类之意，虽非其本旨，然其后起之意义如是，不可诬也。脚色最终之意义，实在于此。以品性，必观其人之言行而后见，而气质则可于容貌、声音、举止间，一览而得故也。故既考其渊源，复附论之如此。

## 余说二（面具考）

面具之兴古矣。《周官·方相氏》："掌蒙熊皮，黄金四目，玄衣，朱裳，执戈，扬盾。"似已为面具之始。《汉书·礼乐志》："朝贺置酒为乐，有常从象人四人，秦倡象人员三人。"孟康曰："象人，若今戏鱼、虾、师子者也。"韦昭曰："著假面具者也。"张衡《西京赋》:"总会仙倡,戏豹舞罴,白虎鼓瑟,苍龙吹篪。"李善注曰:"仙倡,伪作假形。谓如神也。罴豹、熊虎,皆谓假头也。"《颜氏家训·书证篇》:"《文康》象庾亮。"《隋书·音乐志》:"礼毕者,出于晋太尉庾亮家。亮卒后,其伎追思亮,因假为其面,执翳以舞,象其容,取其谥以号之,谓之为《文康乐》。"《旧唐书·音乐志》:"大面,出于北齐。北齐兰陵王长恭,才武而面美,常著假面以对敌。"(《北齐书》及《北史》本传,不云假面,但云免胄示之面耳。)又云:"《安乐》者,周武帝平齐所作也。舞者八十人,刻木为面,狗喙兽耳,以金饰之,垂线为发,画豹皮帽,舞蹈姿制犹作羌胡状。"是北朝与唐散乐中,固盛行面具矣。《宋史·狄青传》:"常战安远,临敌,被发带铜面具,出入贼中。"而陆游《老学庵笔记》载:"政和中大傩,下桂府进面具。比到,称一副。初讶其少,乃是以八百枚为一副,老少妍丑,无一相似者,乃大惊。"面具之见于载籍者,大略如此。其用诸散乐,始于汉之象人,而《文康乐》、代面戏、《安乐》踵之。宋之面具虽极盛于政和,而未闻用诸杂戏。盖由涂面既兴,遂取而代之欤?

## 余说三(涂面考)

涂面起于何世,今不可考。其见于载籍者,则《乐府杂录》云:"后周士人苏葩,嗜酒落魄,自号中郎,每有歌场,辄入独舞。今为戏者,著绯戴帽,面正赤,盖状其醉也。"《教坊记》载《踏摇娘》与此略同。但云:"北齐有人姓苏,䶃鼻。"案《玉篇》云:"䶃,面疮也。"盖当时演此戏者,通作赤面,故《杂录》以为状其醉，《教坊记》以为其状皰鼻也。又温庭筠《乾馔子》载："陆象先为冯翊太守，参军等多名族子弟，以象先性仁厚，于是与府僚共约戏赌，（中略）一参军曰，（中略）吾能于使君厅前，墨涂其面，著碧衫子，作神，舞一曲慢趋而出。（中略）便为之，象先亦如不见。"（《太平广记》卷四百九十六引）则唐时舞人，固有涂面之事。至后唐庄宗，自傅粉墨称"李天下"（《五代史·伶官传》），则又在其后；宋时则五花爨弄，亦傅粉墨（见上）；又蔡攸侍曲宴，短衣窄袖，涂抹青红，杂倡优侏儒（《宋史·奸臣传》）：足为五采涂面之证。元则以黑点破其面者为花旦（见上）。至五采涂面，虽元时无闻，然唐宋既行，元固不能无之矣。

## 余说四（男女合演考）

歌舞之事，合男女为之，其风甚古。《乐记》云："今夫新乐，进俯退俯，奸声以乱，溺而不止，及优侏儒，獶杂子女。"孔疏："獶杂，谓猕猴也，言舞戏之时，状若猕猴；间杂男子妇人。言似猕猴，男女无别也。"自汉以后，殊无所闻。至隋唐之际，歌舞之伎渐变而为戏剧，而《踏摇娘》戏，以男子著妇人服为之（《教坊记》），此男女不合演之证。《旧唐书·高宗纪》："龙朔元年，皇后请禁天下妇人为俳优之戏，诏从之。"盖此时男优、女伎，各自为曹，不相杂也。开元以后，声乐益盛。《旧书志》云："玄宗于听政之暇，教太常乐工子弟三百人，为丝竹之戏。（中略）号为皇帝弟子，又云梨园弟子，（中略）太常又有别教院，（中略）廪食常千人，宫中居宜春院。"夫梨园弟子，既云乐工子弟，当系男子，而宜春院则尽妇人。《教坊记》云："妓女入宜春院，谓之内人，亦曰前头人，常在上前也。其家犹在教坊，谓之内人家。"盖唐时乐工，率举家隶太常，故子弟入梨园，妇女入宜春院。又各家互相嫁娶。《教坊记》云"筋斗裴承恩妹大娘善歌，兄以配竿木侯氏"是也。然则梨园、宜春院人，悉系家人姻戚，合作歌舞，亦意中事。故元稹《连昌宫辞》咏念奴歌曰："飞上九天歌一声，二十五郎吹管逐。"至合演戏剧，惟上文"参军"条所引《云溪友议》一则近之，此外无他证也。宋初则教坊小儿舞队与女童舞队，各自为曹，亦各有杂剧。（《宋史·乐志》及《东京梦华录》。）惟《武林旧事》（卷六）载南宋杂剧色九十九人，内有慢星子、王双莲二人，注云"女流"。人数既少，不能自为一曹，则容有合演之事。然或《旧事》但举杂剧色之有名者，不必诸色尽于此也。元剧既兴，男优与女伎并行，如《青楼集》所载珠帘秀、工驾头、花旦、软末泥，又如赵偏惜、朱锦绣、燕山秀，皆云"旦末双全"。女子既兼旦、末，则亦各自为曹，不相混矣。又云："宋六嫂与其夫台乐，妙入神品。"盖宋善讴，其未能传其父之艺（觱栗）。则合乐亦合奏之义，非合演戏剧也。盖宋元以后，男可装旦，女可为末，自不容有合演之事。或据宋六嫂事，谓元剧有男女合演者，殆不然矣。

# 古剧之结构

宋金以前杂剧院本，今无一存。又自其目观之，其结构与后世戏剧迥异，故谓之古剧。古剧者，非尽纯正之剧，而兼有竞技游戏在其中，既如前二章所述矣。盖古人杂剧，非瓦舍所演，则于宴集用之。瓦舍所演者，技艺甚多，不止杂剧一种；而宴集时所以娱耳目者，杂剧之外，亦尚有种种技艺。观《宋史·乐志》《东京梦华录》《梦粱录》《武林旧事》所载天子大宴礼节可知。即以杂剧言，其种类亦不一。正杂剧之前，有艳段，其后散段谓之杂扮，二者皆较正杂剧为简易。此种简易之剧，当以滑稽戏竞技游戏充之，故此等亦时冒杂剧之名，此在后世犹然。明顾起元《客座赘语》谓："南都万历以前，大席则用教坊打院本，乃北曲四大套者。中间错以撮垫圈，舞观音，或百丈旗，或跳队。"明代且然，则宋金固不足怪。但其相异者，则明代竞技等，错在正剧之中间，而宋金则在其前后耳。至正杂剧之数，每次所演，亦复不多。《东京梦华录》谓："杂剧入场，一场两段。"《梦粱录》亦云："次做正杂剧，通名两段。"《武林旧事》（卷一）所载"天基圣节排当乐次"，亦皇帝初坐，进杂剧二段，再坐，复进二段。此可以例其余矣。

脚色之名，在唐时只有参军、苍鹘，至宋而其名稍繁。《梦粱录》（卷二十）云："杂剧中末泥为长，每一场四人或五人。（中略）末泥色主张，引戏色分付，副净色发乔，副末色打诨。或添一人，名曰装孤。"《辍耕录》（卷二十五）所述略同。唯《武林旧事》（卷一）所载"乾淳教坊乐部"中，杂剧三甲，一甲或八人或五人。其所列脚色五，则有戏头而无末泥，有装旦而无装孤，而引戏、副净、副末三色则同，唯副净则谓之次净耳。《梦粱录》云："杂剧中末泥为长。"则末泥或即戏头；然戏头、引戏，实出古舞中之舞头、引舞。（唐王建《宫词》"舞头先拍第三声"，又"每过舞头分两向"，则舞头唐时已有之。《宋史·乐志》有引舞，亦谓之引舞头。《乐府杂录·傀儡》条有引歌舞者郭郎，则引舞亦始予唐也。）则末泥亦当出于古舞中之舞末。《东京梦华录》（卷九）云：舞旋"多是雷中庆，舞曲破撷前一遍，舞者入场，至歇拍，一人入场，对舞数拍，前舞者退，独后舞者终其曲，谓之舞末"。末之名当出于此。又长言之则为末泥也。净者，参军之促音，宋代演剧时，参军色手执竹竿子以句之（见《东京梦华录》卷九），亦如唐代协律郎之举麾乐作、偃麾乐止相似，故参军亦谓之竹竿子。由是观之，则末泥色以主张为职，参军色以指麾为职，不亲在搬演之列。故宋戏剧中净、末二色，反不如副净、副末之著也。

唐之参军、苍鹘，至宋而为副净、副末二色。夫上既言净为参军之促音，兹何故复以副净为参军也？曰：副净本净之副，故宋人亦谓之参军。《梦华录》中执竹竿子之参军，当为净；而第二章滑稽剧中所屡见之参军，则副净也。此说有徵乎？曰：《辍耕录》云："副净古谓之参军，副末古谓之苍鹘，鹘能击禽鸟，末可打副净。"此说以第二章所引《夷坚志》（丁集卷四）、《程史》（卷七）、《齐东野语》（卷十三）诸事证之，无乎不合；则参军之为副净，当可信也。故净与末，始见于宋末诸书；而副净与副末，则北宋人著述中已见之。黄山谷《鼓笛令》词云："副靖传语木大，鼓儿里且打一和。"王直方《诗话》（《苕溪渔隐丛话》前集卷三十引）载："欧阳公致梅圣俞简云：'正如杂剧人上名，下韵不来，须副末接续。'"凡宋滑稽剧中，与参军相对待者，虽不言其为何色，其实皆为副末。此出于唐代参军与苍鹘之关系，其来已古。而《梦粱录》所谓末泥色主张，引戏色分付，副净色发乔，副末色打诨，此四语实能道尽宋代脚色之职分也。主张、分付，皆编排命令之事，故其自身不复演剧。发乔者，盖乔作愚谬之态，以供嘲讽；而打诨，则益发挥之以成一笑柄也。试细玩第二章所载滑稽剧，无在不可见发乔打诨二者之关系。至他种杂剧，虽不知如何，然谓副净、副末二色，为古剧中最重之脚色，无不可也。

至装孤、装旦二语，亦有可寻味者。元人脚色中有孤有旦，其实二者非脚色之名。孤者，当时官吏之称；旦者，妇女之称。其假作官吏妇女者，谓之装孤、装旦则可；若径谓之孤与旦，则已过矣。孤者，当以帝王官吏自称孤寡，故谓之孤；旦与妲不知其义。然《青楼集》谓张奔儿为风流旦，李娇儿为温柔旦，则旦疑为宋元倡伎之称。优伶本非官吏，又非妇人，故其假作官吏妇人者，谓之装孤、装旦也。

要之，宋杂剧、金院本二目所现之人物，若妲、若旦、若徕，则示其男女及年齿；若孤、若酸、若爷老、若邦老，则示其职业及位置；若厥、若偌，则示其性情举止；（**其解均见拙著《古剧脚色考》**。）若哮、若郑、若和，虽不解其义，亦当有所指示。然此等皆有某脚色以扮之，而其自身非脚色之名，则可信也。

宋杂剧、金院本二目中，多被以歌曲。当时歌者与演者，果一人否，亦所当考也。滑稽剧之言语，必由演者自言之；至自唱歌曲与否，则当视此时已有代言体之戏曲否以为断。若仅有叙事体之曲，则当如第四章所载史浩《剑舞》，歌唱与动作，分为二事也。

综上所述者观之，则唐代仅有歌舞剧及滑稽剧，至宋金二代而始有纯粹演故事之剧；故虽谓真正之戏剧，起于宋代，无不可也。然宋金演剧之结构，虽略如上，而其本则无一存。故当日已有代言体之戏曲否，已不可知。而论真正之戏曲，不能不从元杂剧始也。

# 元剧之时地

　　元杂剧之体，创自何人，不见于纪载。钟嗣成《录鬼簿》所著录，以关汉卿为首。宁献王《太和正音谱》以马致远为首。然《正音谱》之评曲也，于关汉卿则云："观其词语，乃可上可下之才；盖所以取者，初为杂剧之始，故卓以前列。"盖《正音谱》之次第，以词之甲乙论，而非以时代之先后。其以汉卿为杂剧之始，固与《录鬼簿》同也。汉卿时代，颇多异说。杨铁崖《元宫词》云："开国遗音乐府传，白翎飞上十三弦，大金优谏关卿在，《伊尹扶汤》进剧编。"此关卿当指汉卿而言。虽《录鬼簿》所录汉卿杂剧六十本中，无《伊尹扶汤》，而郑光祖所作杂剧目中有之。然马致远《汉宫秋》杂剧中有云："不说它《伊尹扶汤》，则说那《武王伐纣》。"案：《武王伐纣》乃赵文殷所作杂剧，则《伊尹扶汤》亦必为杂剧之名。马致远时代，在汉卿之后、郑光祖之前，则其所云《伊尹扶汤》剧，自当为关氏之作，而非郑氏之作。其不见于《录鬼簿》者，亦犹其所作《窦娥冤》《续西厢》等，亦未为钟氏所著录也。杨诗云云，正指汉卿，则汉卿固逮事金源矣。《录鬼簿》云："汉卿，大都人，太医院尹。"明蒋仲舒《尧山堂外纪》（卷六十八）则云："金末为太医院尹，金亡不仕。"则不知所据。据《辍耕录》（卷二十三），则汉卿至中统初尚存。案：自金亡至元中统元年，凡二十六年。果使金亡不仕，则似无于元代进杂剧之理。宁视汉卿生于金代，仕元，为太医院尹，为稍当也。又《鬼董》五卷末，有元泰定丙寅临安钱孚跋云"关解元之所传"，后人皆以解元为即汉卿。《尧山堂外纪》遂误以此书为汉卿所作。钱氏《元史·艺文志》仍之。案：解元之称，始于唐；而其见于正史也，始于《金史·选举志》。金人亦喜称人为解元，如董解元是已。则汉卿得解，自当在金末。若元则唯太宗九年（金亡后三年），秋八月一行科举，后废而不举者七十八年。至仁宗延祐元年八月，始复以科目取士，遂为定制。故汉卿得解，即非在金世，亦必在蒙古太宗九年。至世祖中统之初，固已垂老矣。杂剧苟为汉卿所创，则其创作之时，必在金天兴与元中统间二三十年之中，此可略得而推测者也。

《正音谱》虽云汉卿为杂剧之始，然汉卿同时，杂剧家业已辈出，此未必由新体流行之速，抑由元剧之创作诸家亦各有所尽力也。据《录鬼簿》所载，于杨显之则云"与汉卿莫逆交，凡有珠玉，与公较之"；于费君祥则云"与汉卿交，有《爱女论》行于世"；于梁进之则云"与汉卿世交"。又如红字李二、花李郎二人，皆注教坊刘耍和婿。按《辍耕录》所载院本名目，前章既定为金人之作，而云教坊"魏、武、刘三人鼎新编辑"，刘疑即刘耍和。金李治敬斋《古今黈》（卷一）云："近者伶官刘子才，蓄才人隐语数十卷。"疑亦此人，则其人自当在金末，而其婿之时代，当与汉卿不甚相远也。他如石子章，则《元遗山诗集》（卷九）有《答石子璋兼送其行》七律一首；李庭《寓庵集》

（卷二）亦有《送石子章北上》七律一首。案：寓庵生于金承安三年，卒于元至元十三年，其年代与遗山略同。如杂剧家之石子章，即《遗山》《寓庵集》中之人，则亦当与汉卿同时矣。

此外与汉卿同时者，尚有王实父。《西厢记》五剧，《录鬼簿》属之实父。后世或谓王作，而关续之。（都穆《南濠诗话》、王世贞《艺苑卮言》。）或谓关作，而王续之者。（《雍熙乐府》卷十九，载无名氏《西厢十咏》。）然元人一剧，如《黄粱梦》《骗骊裘》等，恒以数人合作，况五剧之多乎？且合作者，皆同时人，自不能以作者与续者定时代之先后也。则实父生年，固不后于汉卿。又汉卿有《闺怨佳人拜月亭》一剧，实甫亦有《才子佳人拜月亭》剧，其所谱者乃金南迁时事，事在宣宗贞祐之初，距金亡二十年。或二人均及见此事，故各有此本欤。

此外元初杂剧家，其时代确可考者，则有白仁甫朴。据元王博文《天籁集序》谓："仁甫年甫七岁，遭壬辰之难。"又谓："中统初，开府史公，将以所业荐之于朝。"案：壬辰为金哀宗天兴元年，时仁甫年七岁，则至中统元年庚辰，年正三十五岁；故于至元一统后，尚游金陵。盖视汉卿为后辈矣。

由是观之，则元剧创造之时代，可得而略定矣。至有元一代之杂剧，可分为三期，一、蒙古时代：此自太宗取中原以后，至至元一统之初。《录鬼簿》卷上所录之作者五十七人，大都在此期中。（中如马致远、尚仲贤、戴善甫，均为江浙行省务官，姚守中为平江路吏，李文蔚为江州路瑞昌县尹，赵天锡为镇江府判，张寿卿为浙江省掾史，皆在至元一统之后。侯正卿亦曾游杭州，然《录鬼簿》均谓之"前辈名公才人"，与汉卿无别，或其游宦江浙，为晚年之事矣。）其人皆北方人也。二、一统时代：
则自至元后，至至顺、后至元间，《录鬼簿》所谓"已亡名公才
人，与余相知"或"不相知者"是也。其人则南方为多，否则
北人而侨寓南方者也。三、至正时代：《录鬼簿》所谓"方今才
人"是也。此三期，以第一期之作者为最盛，其著作存者亦多，
元剧之杰作大抵出于此期中。至第二期，则除宫天挺、郑光祖、乔
吉三家外，殆无足观，而其剧存者亦罕。第三期则存者更罕，仅
有秦简夫、萧德祥、朱凯、王晔五剧，其去蒙古时代之剧远矣。

就诸家之时代，今取其有杂剧存于今者，著之。

### 第一期

关汉卿　杨显之　张国宝（一作国宾）　石子章

王实父　高文秀　郑廷玉　白　朴　马致远　李文蔚

李直夫　吴昌龄　武汉臣　王仲文　李寿卿　尚仲贤

石君宝　纪君祥　戴善甫　李好古　孟汉卿　李行道

孙仲章　岳百川　康进之　孔文卿　张寿卿

### 第二期

杨　梓　宫天挺　郑光祖　范　康　金仁杰　曾　瑞

乔　吉

### 第三期

秦简夫　萧德祥　朱　凯　王　晔

此外如王子一、刘东生、谷子敬、贾仲名、杨文奎、杨景
言、汤式，其名均不见《录鬼簿》。《元曲选》于谷子敬、贾仲
名诸剧，皆云元人，《太和正音谱》则直以为明人。案：王刘诸
人不见他书；唯贾仲名，则元人有同姓名者。《元史·贾居贞

传》："居贞字仲明，真定获鹿人，官至江西行省参知政事。卒于至元十七年，年六十三。"则尚为元初人，似非作曲之贾仲名。且《正音谱》宁献王所作，纪其同时之人，当无大谬。又谷、贾二人之曲，虽气骨颇高，而伤于绮丽，颇于元曲不类；则视为明初人，当无大误也。

更就杂剧家之里居研究之，则如下表。

| 大都 | 中书省所属 | | 河南、江北等处行中书省所属 | 江浙等处行中书省所属 |
|---|---|---|---|---|
| 关汉卿 | 李好古（保定） | 陈无妄（东平） | 赵天锡（汴梁） | 金仁杰（杭州） |
| 王实父 | 彭伯威（同） | 王廷秀（益都） | | 范康（同） |
| 庚天锡 | 白朴（真定） | 武汉臣（济南） | 陆显之（汴梁） | 沈和 |
| 马致远 | 李文蔚（同） | 岳百川（同） | 钟嗣成（汴梁） | 鲍天祐（同） |
| 王仲文 | 尚仲贤（同） | 康进之（棣州） | 姚守中（洛阳） | 陈以仁（同） |
| 杨显之 | 戴善甫（同） | 吴昌龄（西京） | 孟汉卿（亳州） | 范居中（同） |
| | 李寿卿（太原） | | | |
| 纪君祥 | 侯正卿（同） | 刘唐卿（同） | 张鸣善（扬州） | 施惠（同） |
| 费君祥 | 史九敬先（同） | 乔吉甫（西京） | 孙子羽（同） | 黄天泽（同） |
| 费唐臣 | 江泽民（同） | 石君宝（平阳） | | 沈拱（同） |
| 张国宝 | 郑廷玉（彰德） | 于伯渊（同） | | 周文质（同） |
| 石子章 | 赵公辅（同） | | | 萧德祥（同） |
| 李宽甫 | 赵文殷（同） | 狄君厚（同） | | 陆登善（同） |
| 梁进之 | 陈宁甫（大名） | 孔文卿（同） | | 王晔（同） |
| 孙仲章 | 李进取（同） | 郑光祖（同） | | 王仲元（同） |
| 赵明道 | 宫天挺（同） | 李行甫（同） | | 杨梓（嘉兴） |
| 李子中 | 高文秀（东平） | | | |
| 李时中 | 张时起（同） | | | |

（续表）

| 大都 | 中书省所属 | 河南、江北等处行中书省所属 | 江浙等处行中书省所属 |
|---|---|---|---|
| 曾瑞 | 顾仲清（同） | | |
| | 张寿卿（同） | | |
| 王伯成（涿州） | 赵良弼（同） | | |

　　由上表观之，则六十二人中，北人四十九，而南人十三。而北人之中，中书省所属之地，即今直隶、山东西产者，又得四十六人。而其中大都产者，十九人；且此四十六人中，其十分之九，为第一期之杂剧家，则杂剧之渊源地，自不难推测也。又北人之中，大都之外，以平阳为最多。其数当大都之五分之二。按《元史·太宗纪》："太宗八年，耶律楚材请立编修所于燕京，经籍所于平阳，编集经史。"至世祖至元三年，始徙平阳经籍所于京师。则元初除大都外，此为文化最盛之地，宜杂剧家之多也。至中叶以后，则剧家悉为杭州人，中如宫天挺、郑光祖、曾瑞、乔吉、秦简夫、钟嗣成等，虽为北籍，亦均久居浙江。盖杂剧之根本地，已移而至南方，岂非以南宋旧都，文化颇盛之故欤。

　　元初名臣中有作小令、套数者。唯杂剧之作者，大抵布衣，否则为省掾令史之属。蒙古、色目人中，亦有作小令、套数者；而作杂剧者，则唯汉人。（**其中唯李直夫为女真人。**）盖自金末重吏，自掾史出身者，其任用反优于科目。至蒙古灭金，而科目之废，垂八十年，为自有科目来未有之事。故文章之士，非刀笔吏无以进身，则杂剧家之多为掾史，固自不足怪也。沈德符《万历野获编》（卷二十五）及臧懋循《元曲选·序》均谓蒙古时代，曾以词曲取士，其说固诞妄不足道。余则谓元初之废科目，却为杂剧发达之因。盖自唐宋以来，士之竞于科目者，已非一朝一夕之事，一旦废之，彼其才力无所用，而一于词曲发之。且金时科目之学，最为浅陋。（观刘祁《归潜志》卷七、八、九数卷可知。）此种人士，一旦失所业，固不能为学术上之事。而高文典册，又非其所素习也。适杂剧之新体出，遂多从事于此；而又有一二天才出于其间，充其才力，而元剧之作，遂为千古独绝之文字。然则由杂剧家之时代爵里，以推元剧创造之时代及其发达之原因，如上所推论，固非想像之说也。

案：金以律赋、策论取士。逮金亡后，科目虽废，民间犹有为此学者。如王博文、白仁甫《天籁集序》谓："律赋为专门之学，而太素有能声（太素，仁甫字），号后进之翘楚。"案：仁甫金亡时不及十岁，则其作律赋，必在科目已废之后。当时人士之热中科目如此。又元代士人不平之气，读宫天挺《范张鸡黍》剧第一二折，可见一斑也。

# 元剧之文章

　　元杂剧之为一代之绝作，元人未之知也。明之文人始激赏之，至有以关汉卿比司马子长者（韩文靖邦奇）。三百年来，学者文人，大抵屏元剧不观。其见元剧者，无不加以倾倒。如焦理堂《易余籥录》之说，可谓具眼矣。焦氏谓一代有一代之所胜，欲自楚《骚》以下，撰为一集：汉则专取其赋，魏晋六朝至隋则专录其五言诗，唐则专录其律诗，宋专录其词，元专录其曲。余谓律诗与词，固莫盛于唐宋，然此二者果为二代文学中最佳之作否，尚属疑问。若元之文学，则固未有尚于其曲者也。元曲之佳处何在？一言以蔽之，曰：自然而已矣。古今之大文学，无不以自然胜，而莫著于元曲。盖元剧之作者，其人均非有名位学问也；其作剧也，非有藏之名山，传之其人之意。彼以意兴之所至为之，以自娱娱人。关目之拙劣，所不问也；思想之卑陋，所不讳也；人物之矛盾，所不顾也；彼但摹写其胸中之感想与时代之情状，而真挚之理与秀杰之气，时流露于其间。故谓元曲为中国最自然之文学，无不可也。若其文字之自然，则又为其必然之结果，抑其次也。

　　明以后，传奇无非喜剧，而元则有悲剧在其中。就其存者言之，如《汉宫秋》《梧桐雨》《西蜀梦》《火烧介子推》《张千替杀妻》等，初无所谓先离后合，始困终亨之事也。其最有悲剧之性质者，则如关汉卿之《窦娥冤》、纪君祥之《赵氏孤儿》。剧中虽有恶人交构其间，而其蹈汤赴火者，仍出于其主人翁之意志，即列之于世界大悲剧中，亦无愧色也。

元剧关目之拙，固不待言。此由当日未尝重视此事，故往往互相蹈袭，或草草为之。然如武汉臣之《老生儿》、关汉卿之《救风尘》，其布置结构，亦极意匠惨淡之致，宁较后世之传奇，有优无劣也。

然元剧最佳之处，不在其思想结构，而在其文章。其文章之妙，亦一言以蔽之，曰：有意境而已矣。何以谓之有意境？曰：写情则沁人心脾，写景则在人耳目，述事则如其口出是也。古诗词之佳者，无不如是。元曲亦然。明以后，其思想结构，尽有胜于前人者，唯意境则为元人所独擅。兹举数例以证之。其言情述事之佳者，如关汉卿《谢天香》第三折：

〔正宫·端正好〕我往常在风尘，为歌妓，不过多见了几个筵席，回家来仍作个自由鬼；今日倒落在无底磨牢笼内！

马致远《任风子》第二折：

〔正宫·端正好〕添酒力晚风凉，助杀气秋云暮，尚兀自脚趔趄醉眼模糊；他化的我一方之地都食素，单则俺杀生的无缘度。

语语明白如画，而言外有无穷之意。又如《窦娥冤》第二折：

〔斗虾蟆〕空悲戚，没理会，人生死，是轮回。感著这般病疾，值著这般时势，可是风寒暑湿，或是饥饱劳役，各人证候自知。人命关天关地，别人怎生替得，寿数非干一世，相守三朝五夕。说甚一家一计，又无羊酒缎匹，又无花红财礼，把手为活过日，撒手如同休弃。不是窦娥忤逆，生怕旁人论议。不如听咱劝你，认个自家悔气，割舍的一具棺材，停置几件布帛，收拾出了咱家门里，送入他家坟地。这不是你那从小儿年纪，指脚的夫妻，我其实不关亲，无半点凄怆泪。休得要心如醉，意似痴，便这等嗟嗟怨怨，哭哭啼啼。

此一曲直是宾白，令人忘其为曲。元初所谓当行家，大率如此；至中叶以后，已罕觏矣。其写男女离别之情者，如郑光祖《倩女离魂》第三折：

〔醉春风〕空服遍睡眩药不能痊，知他这腌臜病何日起。要好时直等的见他时，也只为这症候因他上得。得。一会家缥渺呵，忘了魂灵；一会家精细呵，使著躯壳；一会家混沌呵，不知天地。

〔迎仙客〕日长也愁更长，红稀也信尤稀，春归也奄然人未归。我则道相别也数十年，我则道相隔著数万里；为数归期，则那竹院里刻遍琅玕翠。

此种词如弹丸脱手，后人无能为役。唯南曲中《拜月》《琵琶》差能近之。至写景之工者，则马致远之《汉宫秋》第三折：

〔梅花酒〕呀！对著这迥野凄凉，草色已添黄，兔起早迎霜，犬褪得毛苍；人搠起缨枪，马负著行装，车运著餱粮，打猎起围场。他他他伤心辞汉主，我我我携手上河梁。

他部从，入穷荒；我鸾舆，返咸阳。返咸阳，过宫墙；过宫墙，绕回廊；绕回廊，近椒房；近椒房，月昏黄；月昏黄，夜生凉；夜生凉，泣寒蛩；泣寒蛩，绿纱窗；绿纱窗，不思量。

〔收江南〕呀！不思量，便是铁心肠，铁心肠也愁泪滴千行；美人图今夜挂昭阳，我那里供养，便是我高烧银烛照红妆。

尚书云：陛下回銮罢，娘娘去远了也。（驾唱。）

〔鸳鸯煞〕我煞大臣行，说一个推辞谎，又则怕笔尖儿那火编修讲。不见那花朵儿精神，怎趁那草地里风光。唱道伫立多时，徘徊半晌，猛听的塞雁南翔，呀呀的声嘹亮，却原来满目牛羊，是兀那载离恨的毡车，半坡里响。

以上数曲，真所谓写情则沁人心脾，写景则在人耳目，述事则如其口出者。第一期之元剧，虽浅深大小不同，而莫不有此意境也。

古代文学之形容事物也，率用古语，其用俗语者绝无。又所用之字数亦不甚多。独元曲以许用衬字故，故辄以许多俗语，或以自然之声音形容之。此自古文学上所未有也。兹举其例，如《西厢记》第四剧，第四折：

〔雁儿落〕绿依依墙高柳半遮，静悄悄门掩清秋夜，疏刺刺林梢落叶风，昏惨惨云际穿窗月。

〔得胜令〕惊觉我的是颤颤巍巍竹影走龙蛇，虚飘飘庄周梦蝴蝶，絮叨叨促织儿无休歇，韵悠悠砧声儿不断绝；痛煞煞伤别，急煎煎好梦儿应难舍，冷清清的咨嗟，娇滴滴玉人儿何处也？

此犹仅用三字也。其用四字者，如马致远《黄粱梦》第四折：

〔叨叨令〕我这里稳丕丕土坑上迷颩没腾的坐，那婆婆将粗剌剌陈米喜收希和的播，那寒驴儿柳阴下舒著足乞留恶滥的卧，那汉子去脖项上婆娑没索的摸。你则早醒来了也么哥，你则早醒来了也么哥，可正是窗前弹指时光过。

其更奇绝者，则如郑光祖《倩女离魂》第四折：

〔古水仙子〕全不想这姻亲是旧盟，则待教袄庙火刮刮匝匝烈焰生。将水面上鸳鸯忒楞楞腾分开交颈，疏剌剌沙鞴雕鞍撒了锁鞚，厮琅琅汤偷香处喝号提铃，支楞楞争弦断了不续碧玉筝，吉丁丁珰精砖上摔破菱花镜，扑通通东井底坠银瓶。

又无名氏《货郎旦》剧第三折，则用叠字，其数更多。

〔货郎儿六转〕我则见黯黯惨惨天涯云布，万万点点潇湘夜雨；正值著窄窄狭狭沟沟堑堑路崎岖，黑黑黯黯彤云布，赤留赤律潇潇洒洒断断续续，出出律律忽忽鲁鲁阴云开处，霍霍闪闪电光星注；正值著飕飕摔摔风，淋淋渌渌雨，高高下下凹凹答答一水模糊，扑扑簌簌湿湿渌渌疏林人物，却便似一幅惨惨昏昏潇湘水墨图。

由是观之，则元剧实于新文体中自由使用新言语，在我国文学中，于《楚辞》《内典》外，得此而三。然其源远在宋、金二代，不过至元而大成。其写景、抒情、述事之美，所负于此者，实不少也。

元曲分三种，杂剧之外，尚有小令、套数。小令只用一曲，与宋词略同。套数则合一宫调中诸曲为一套，与杂剧之一折略同。但杂剧以代言为事，而套数则以自叙为事，此其所以异也。

元人小令、套数之佳，亦不让于其杂剧。兹各录其最佳者一篇，以示其例，略可以见元人之能事也。

## 小　令

〔天净沙〕（无名氏。此词《庶斋老学丛谈》及元刊《乐府新声》，均不著名氏，《尧山堂外纪》以为马致远撰，朱竹垞《词综》仍之，不知何据。）

枯藤老树昏鸦，小桥流水人家，古道西风瘦马。夕阳西下，断肠人在天涯。

## 套　数

《秋思》（马致远。见元刊《中原音韵》《乐府新声》。）

〔双调·夜行船〕百岁光阴如梦蝶，重回首往事堪嗟！昨日春来，今朝花谢，急罚盏夜阑灯灭。

〔乔木查〕秦官汉阙，做衰草牛羊野，不恁渔樵无话说。纵荒坟横断碑，不辨龙蛇。

〔庆宣和〕投至狐踪与兔穴，多少豪杰，鼎足三分半腰折，魏耶？晋耶？

〔落梅风〕天教富，不待奢，无多时好天良夜，看钱奴硬将心似铁，空辜负锦堂风月。

〔风入松〕眼前红日又西斜，疾似下坡车，晚来清镜添白雪，上床与鞋履相别。莫笑鸠巢计拙，葫芦提一就装呆。

〔拨不断〕利名竭，是非绝，红尘不向门前惹，绿树偏宜屋角遮，青山正补墙东缺，竹篱茅舍。

〔离亭宴煞〕蛩吟罢一枕才宁贴，鸡鸣后万事无休歇，算名利何年是彻！密匝匝蚁排兵，乱纷纷蜂酿蜜，闹穰穰蝇争血。裴公绿野堂，陶令白莲社，爱秋来那些？和露摘黄花，带霜烹紫蟹，煮酒烧红叶。人生有限杯，几个登高节？嘱付与顽童记者，便北海探吾来，道东篱醉了也。

《天净沙》小令，纯是天籁，仿佛唐人绝句。马东篱《秋思》一套，周德清评之以为万中无一，明王元美等亦推为套数中第一，诚定论也。此二体虽与元杂剧无涉，可知元人之于曲，天实纵之，非后世所能望其项背也。

元代曲家，自明以来，称关马郑白，然以其年代及造诣论之，宁称关白马郑为妥也。关汉卿一空倚傍，自铸伟词，而其言曲尽人情，字字本色，故当为元人第一。白仁甫、马东篱，高华雄浑，情深文明。郑德辉清丽芊绵，自成馨逸，均不失为第一流。其余曲家，均在四家范围内。唯宫大用瘦硬通神，独树一帜。以唐诗喻之，则汉卿似白乐天，仁甫似刘梦得，东篱似李义山，德辉似温飞卿，而大用则似韩昌黎。以宋词喻之，则汉卿似柳耆卿，仁甫似苏东坡，东篱似欧阳永叔，德辉似秦少游，大用似张子野。虽地位不必同，而品格则略相似也。明宁献王曲品，跻马致远于第一，而抑汉卿于第十。盖元中叶以后，曲家多祖马、郑，而桃汉卿，故宁王之评如是。其实非笃论也。

元剧自文章上言之，优足以当一代之文学。又以其自然故，故能写当时政治及社会之情状，足以供史家论世之资者不少。又曲中多用俗语，故宋金元三朝遗语，所存甚多。辑而存之，理而董之，自足为一专书。此又言语学上之事，而非此书之所有事也。

# 元南戏之文章

　　元之南戏，以《荆》《刘》《拜》《杀》并称，得《琵琶》而五。此五本尤以《拜月》《琵琶》为眉目，此明以来之定论也。元南戏之佳处，亦一言以蔽之，曰自然而已矣。申言之，则亦不过一言，曰有意境而已矣。故元代南北二戏，佳处略同；唯北剧悲壮沈雄，南戏清柔曲折，此外殆无区别。此由地方之风气，及曲之体制使然。而元曲之能事，则固未有间也。

　　元人南戏，推《拜月》《琵琶》；明代如何元朗、臧晋叔、沈德符辈，皆谓《拜月》出《琵琶》之上。然《拜月》佳处，大都蹈袭关汉卿《闺怨佳人拜月亭》杂剧，但变其体制耳。明人罕睹关剧，又尚南曲，故盛称之。今举其例，资读者之比较焉。

关剧第一折：

　　〔油葫芦〕分明是风雨催人辞故国，行一步一太息。两行愁泪脸边垂，一点雨间一行凄惶泪。一阵风时一声长吁气。百忙里一步一撒，索与他一步一提。这一对绣鞋儿分不得帮和底，稠紧紧粘软软带着淤泥。

南戏《拜月亭》第十三出：

　　〔剔银灯〕（老旦）迢迢路不知是那里？前途去安身在

何处？（旦）一点点雨间著一行行凄惶泪，一阵阵风对著一声声愁和气。（合）云低，天色向晚，子母命存亡，兀自尚未知。

〔摊破地锦花〕（旦）绣鞋儿分不得帮和底，一步步提，百忙里褪了跟儿。（老旦）冒雨冲风，带水拖泥。（合）步迟迟，全没些气和力。

又如《拜月》南戏中第三十二出，实为全书中之杰作；然大抵本于关剧第三折。今先录关剧一段如下：

（旦做入房里科。小旦云了。）夜深也，妹子你歇息去波，我也待睡也。（小旦云了。）梅香安排香案儿去，我去烧炷夜香咱。（梅香云了。）

〔伴读书〕你靠栏槛临台榭，我准备名香爇，心事悠悠凭谁说，只除向金鼎焚龙麝，与你殷勤参拜遥天月，此意也无别。

〔笑和尚〕韵悠悠比及把角品绝，碧荧荧投至那镫儿灭，薄设设衾共枕空舒设，冷清清不恁迭，闲遥遥生枝节，闷恹恹怎捱他如年夜？（梅香云了，做烧香科。）

〔倘秀才〕天那！这一炷香，则愿削减俺尊君狠切！这一炷香则愿俺那抛闪下的男儿较些！那一个耶娘不间叠，不似俺忒唓嗻，劣缺。

（做拜月科，云：）愿天下心厮爱的夫妻，永无分离，教俺两口儿早得团圆！（小旦云了，做羞科。）

〔叨叨令〕元来你深深的花底将身儿遮，搽搽的背后把鞋儿捻，涩涩的轻把我裙儿拽，熅熅的羞得我腮儿热，小鬼头直到撞破我也末哥，直到撞破我也末哥，我一星星都索从头儿说。

（小旦云了。）妹子，你不知我兵火中多得他本人气力来，我已此忘不下他。（小旦云了，打悲科。）恁姐夫姓蒋，名世隆，字彦通，如今二十三岁也。（小旦打悲科，做猛问科。）

〔倘秀才〕来波！我怨感我合哽咽，不刺你啼哭你为甚迭？（小旦云了。）你莫不元是俺男儿旧妻妾？阿！是是是！当时只争个字儿别，我错呵了应者。（小旦云了。）你两个是亲弟兄。（小旦云了，做欢喜科。）

〔呆古朵〕似恁的呵，咱从今后越索著疼热，休想似在先时节！你又是我妹妹姑姑，我又是你嫂嫂姐姐。（小旦云了。）这般者，俺父母多宗派，您兄弟无枝叶。从今后休从俺耶娘家根脚排，只做俺儿夫家亲眷者。（小旦云了。）若说著俺那相别呵，话长！

〔三煞〕他正天行汗病，换脉交阳，那其间被俺耶把我横拖倒拽在招商舍，硬厮强扶上走马车。谁想舞燕啼莺，翠鸾娇凤，撞著猛虎狞狼，蝎蝎顽蛇。又不敢号咷悲哭，又不敢嘱咐丁宁，空则索感叹伤嗟！据著那凄凉惨切，一霎儿似痴呆。

〔二煞〕则就里先肝肠眉黛千千结，烟水云山万万叠。他便似烈焰飘风，劣心卒性；怎禁他后拥前推，乱棒胡茄。阿谁无个老父，谁无个尊君，谁无个亲耶。从头儿看来，都不似俺那狠爹爹。

〔尾〕他把世间毒害收拾彻，我将天下忧愁结揽绝。

（小旦云了。）没盘缠，在店舍，有谁人，厮抬贴。那萧疏，那凄切，生分离，厮抛撇。从相别，那时节，音书无，信音绝。我这些时眼跳腮红耳轮热，眠梦交杂不宁贴，您哥哥暑湿风寒纵较些，多被那烦恼忧愁上断送也。（下。）

《拜月》南戏第三十二出，全从此出，而情事更明白曲尽，今亦录一段以比较之。

（旦）呀！这丫头去了！天色已晚，只见半弯新月，斜挂柳梢，不免安排香案，对月祷告一番，争些误了。

〔二郎神慢〕拜星月，宝鼎中明香满爇。（小旦潜上听科。）（旦）上苍！这一炷香呵！愿我抛闪下的男儿疾效些，得再睹同欢同悦！（小旦）悄悄轻把衣袂拽，却不道小鬼头春心动也。（走科）（旦）妹子到那里去？（小旦）我也到父亲行去说。（旦扯科）（小旦）放手！我这回定要去。（旦跪科）妹子饶过姐姐罢。（小旦）姐姐请起，那娇怯，无言俛首，红晕满腮颊。

〔莺集御林春〕恰才的乱掩胡遮，事到如今漏泄，姊妹心肠休见别，夫妻每是些周折。（旦）教我难推恁阻，罢！妹子我一星星对伊仔细从头说。（小旦）姐姐，他姓什么？（旦）姓蒋。（小旦）呀！他也姓蒋？叫做甚么名字？（旦）世隆名。（小旦）呀！他家在那里？（旦）中都路是家。（小旦）呀！姐姐，你怎么认得他？他是什么样人？（旦）是我男儿受儒业。

〔前腔〕（小旦悲科。）听说罢姓名家乡，这情苦意

切。闷海愁山，将我心上撇，不由人不泪珠流血。（旦）我
凄惶是正理，只合此愁休对愁人说。妹子！你啼哭为何因，
莫非是我男儿旧妻妾？

〔前腔〕（小旦）他须是瑞莲亲兄。（旦）呀！元来是
令兄。为何失散了？（小旦）为军马犯阙。（旦）是！我晓
得了，散失忙寻相应者，那时节只争个字儿差迭。妹子，和
你比先前又亲，自今越更著疼热，你休随著我跟脚，久已后
是我男儿那枝叶。

〔前腔〕（小旦）我须是你妹妹姑姑，你是我嫂嫂又是
姐姐。未审家兄和你因甚别，两分离是何时节？（旦）正
遇寒冬冷月，恨爹爹将奴拆散在招商舍。（小旦）你如今还
思量著他么？（旦）思量起痛心酸，那其间染病耽疾。（小
旦）那时怎生割舍得撇了？（旦）是我男儿，教我怎割舍。

〔四犯黄莺儿〕（小旦）他直恁太情切，你十分忒软
怯，眼睁睁忍相抛撇。（旦）枉自怨嗟，无可计设，当不过
他抢来推去望前拽。（合）意似虺蛇，性似蝎螫，一言如何
诉说。

〔前腔〕（小旦）流水下似马和车，顷刻间途路赊，
他在穷途逆旅应难舍。（旦）那时节呵，囊箧又竭，药食又
缺，他那里闷恹恹捱不过如年夜。（合）宝镜分裂，玉钗断
折，何日重圆再接。

〔尾〕自从别后信音绝，这些时魂惊梦怯，莫不是烦恼
忧愁将人断送也。

细较南北二戏，则汉卿杂剧固酣畅淋漓，而南戏中二人对

唱，亦宛转详尽。情与词偕，非元人不办。然则《拜月》纵不出于施君美，亦必元代高手也。

《拜月亭》南戏，前有所因；至《琵琶》则独铸伟词，其佳处殆兼南北之胜。今录其《吃糠》一节，可窥其一斑。

〔商调过曲·山坡羊〕（旦）乱荒荒不丰稔的年岁，远迢迢不回来的夫婿，急煎煎不耐烦的二亲，软怯怯不济事的孤身体。衣典尽寸丝不挂体，几番拼死了奴身己，争奈没主公婆教谁看取。思之，虚飘飘命怎期，难捱，实丕丕灾共危。

〔前腔〕滴溜溜难穷尽的珠泪，乱纷纷难宽解的愁绪，骨崖崖难扶持的病身，战兢兢难捱过的时和岁。这糠，我持不吃你呵，教奴怎忍饥？我待吃你呵，教奴怎生吃？思量起来不如奴先死，图得不知亲死时。思之，虚飘飘命怎期，难捱，实丕丕灾共危。奴家早上，安排些饭与公婆吃，岂不欲买些鲑菜，争奈无钱可买。不想公婆抵死埋怨，只道奴家背他自吃了甚么东西，不知奴家吃的是米膜糠秕。又不敢教他知道，便使他埋怨杀我，我也不敢分说。苦，这些糠秕，怎生吃得下！（吃吐科。）

〔双调过曲·孝顺歌〕（旦）呕得我肝肠痛，珠泪垂，喉咙尚兀自牢嗄住。糠那！你遭砻，被舂杵，筛你簸扬你，吃尽控持，好似奴家身狼狈，千辛万苦皆经历。苦人吃著苦滋味，两苦相逢，可知道欲吞不去。"（外净潜上觑科。）

〔前腔〕（旦）糠和米，本是相依倚，被簸扬作两处飞。一贵与一贱，好似奴家与夫婿，终无见期。丈夫便是米呵，米在他方没处寻；奴家便似糠呵，怎的把糠来救得人饥馁？好似儿夫出去，怎的教奴供膳得公婆甘旨。（外净潜下科。）

〔前腔〕（旦）思量我生无益，死又值甚底，不如忍饥死了为怨鬼。只一件公婆老年纪，靠奴家相依倚，只得苟活片时。片时苟活虽容易，到底日久也难相聚。漫把糠来相比。这糠尚兀自有人吃，奴家的骨头知他埋在何处？（外净上。）（净云）媳妇，你在这里吃甚么？（旦云）奴家不曾吃甚么。（净搜夺科。）（旦云）婆婆你吃不得！（外云）咳！这是甚么东西？

〔前腔〕（旦）这是谷中膜，米上皮。（外云）呀！这便是糠，要他何用？（旦）将来饦饹可疗饥。（净云）唗！这糠只好将去喂猪狗，如何把来自吃。（旦）尝闻古贤书，狗彘食人食，也强如草根树皮。（外净云）恁的苦涩东西，怕不噎坏了你。（旦）啮雪吞毡，苏卿犹健，餐松食柏，到做得神仙侣。这糠呵！纵然吃些何虑。（净云）阿公，你休听他说谎，这糠如何吃得？（旦）爹妈休疑，奴须是你孩儿的糟糠妻室。（外净看，哭科。）媳妇，我元来错埋怨了你，兀的不痛杀我也。

此一出实为一篇之警策，竹垞《静志居诗话》谓：“闻则诚填词，夜案烧双烛，填至《吃糠》一出，句云‘糠和米本一处飞’，双烛花交为一。”吴舒凫《长生殿传奇序》亦谓：“则诚居栎社沈氏楼，清夜案歌，几上蜡烛二枚，光交为一，因名其楼曰‘瑞光’。”此事固属附会，可知自昔皆以此出为神来之作。然记中笔意近此者，亦尚不乏此种笔墨，明以后人全无能为役，故虽谓北剧南戏，限于元代可也。

# 录曲余谈

　　《东坡志林》云："八蜡，三代之戏礼也。岁终聚戏，此人情之所不能免也，因附以礼义。亦曰：不徒戏而已矣。祭必有尸，无尸曰奠，始死之奠与释奠是也。今蜡谓之祭，盖有尸也。猫虎之尸，谁当为之？非倡优而谁！葛带榛杖，以丧老物；黄冠草笠，以尊野服：皆戏之道也。子夏观蜡而不悦，孔子譬之曰：'一张一弛，文武之道。'盖为是也。"其言八蜡为戏礼甚当，唯不必倡优为之耳。

　　唐之傀儡戏，本以人演平城故事。段安节《乐府杂录》云：起于汉祖平城之围，乐家遂翻为戏，其引歌舞有郭郎者，发正秃，善优笑，闾里呼为郭郎。凡戏场，必在俳儿之首云云。故今曲调中有《憨郭郎》，词调中有《郭郎儿近拍》，皆以伶人之名名之也。宋之傀儡戏，则以傀儡演故事。吴自牧《梦粱录》所谓"傀儡敷衍烟粉、灵怪、铁骑、公案、史书、历代君臣将相故事，话本或讲史，或作杂剧"是也。周密《武林旧事》所载略同。则唐以人演傀儡，宋以傀儡演人，二者适相反。然《唐诗纪事》载明皇《傀儡吟》云："刻木牵丝作老翁，鸡皮鹤发与真同，须臾弄罢寂无事，还似人生一世中。"

则唐时固已有此戏矣。

传奇一语，代异其义。唐裴铏《传奇》，乃小说家言，与戏曲无涉。《武林旧事》载诸色伎艺人，诸宫调传奇，有高郎妇、黄淑卿、王双莲、袁太道等；《梦粱录》亦云：说唱诸宫调，昨汴京有孔三传，编成传奇灵怪，入曲说唱。即王灼《碧鸡漫志》所谓"泽州孔三传者，首唱诸宫调古传，士大夫皆能诵之"者是也。则宋之传奇，当与今之弹词相似。至元尚有诸宫调之名，如石君实、戴善甫均有《诸宫调风月紫云亭》，钟嗣成编入杂剧中。又杨廉夫《元宫词》云："尸谏灵公演传奇，一朝传到九重知，奉宣赍与中书省，诸路都教唱此词。"案：《尸谏灵公》乃鲍天祐所撰杂剧，则元人以杂剧为传奇也。明中叶以后，传奇之名，专指南剧，以与北曲之杂剧相别。则此二字之义，凡四变矣。

陶九成《辍耕录》云："唐有传奇，宋有戏曲、唱诨、词说，金有院本、杂剧，诸公（当作官）调。（案：九成此说误也。唐之传奇非戏曲，见上条。杂剧，宋辽皆有之，不自金始。唯院本之名始于金耳。）院本、杂剧，其实一也；国朝院本、杂剧，始厘而二之。"则元之院本与杂剧异。今元剧尚存百种，而院本则无一存，唯《水浒传》及明周宪王《吕洞宾花月神仙会》杂剧所载二则，尚足考见大概。兹录于下：

> 雷横径到勾栏里来，（中略）看看戏台上，却做笑乐院本。院本下来，只见一个老儿，裹着磕额儿头巾，穿着一领茶褐罗衫，系一条皂绦，拿把扇子，上来开科，道："老汉是东京人氏白玉乔的便是，如今年迈，只凭女儿秀英歌舞吹

弹，普天下伏侍看官。"锣声响处，那白秀英早上戏台，参拜四方，拈起锣棒，如撒豆般点动；拍下一声界方，念出四句七言诗，道："新鸟啾啾旧鸟归，老羊羸瘦小羊肥，人生衣食真难事，不及鸳鸯处处飞。"（中略）那白秀美道："今日秀英招牌上明写著这场话本，是一段风流蕴藉的格范，唤做《豫章城双渐赶苏卿》。"说了开话，又唱，唱了又说。（中略）那白秀英唱到务头，这白玉乔按喝道："虽无买马博金艺，要动聪明鉴事人。看官喝采已过去了，我儿且下来。"这一回便是衬交鼓儿的院本。

周宪王杂剧中记院本一段，盖至明初犹有存者。曰：

> 净同捷讥、副末、末泥上，相见了，做《长寿仙献看添寿》院本上。捷云："歌声才住。"末泥云："丝竹暂停。"净云："俺四人佳戏向前。"副末云："道甚清才谢乐？"捷云："今日双秀士的生日，你一人要一句添寿的诗。"捷先云："桧柏青松常四时。"副末云："仙鹤仙鹿献灵芝。"末泥云："瑶池金母蟠桃宴。"净云："都活一千八百万。"副末打云："这言语不成文章，再说。"（下略。）

下尚有滑稽语，且各唱《醉太平》一曲而毕。则院本之制，较之杂剧简甚。且尚有古代鹘打参军之遗。此外殊无可考见也。

《东京梦华录》《武林旧事》所载大宴礼节，杂剧之外，凡弄傀儡、踢架儿诸杂艺，亦属教坊，宴时并用之。明顾起元《客座赘语》谓："南都万历以前，大席则用教坊打院本（此谓元之杂剧），乃北曲四大套者，中间错以撮垫圈、舞观音，或百丈旗，或跳队。"可知明时此风犹有存者矣。

罗马医学大家额伦谓，人之气质有四种：一热性，二冷性，三郁性，四浮性也。我国剧中脚色之分，隐与此四种合。大抵净为热性，生为郁性，副净与丑或浮性而兼冷性，或浮性而兼热性，虽我国作戏曲者尚不知描写性格，然脚色之分则有深意义存焉。

《辍耕录》云："副净，古谓之参军。"《乐府杂录》所谓黄幡绰、张野狐弄参军是也。《东京梦华录》载内宴杂剧，凡勾队、问队、遣队之事，皆参军色主之。则参军似是教坊色长之类。《梦华录》又谓参军色执竹竿子，故史浩《鄮峰真隐漫录》所载大曲，直谓之竹竿子。然副净之名，北宋固已有之，黄山谷《鼓笛令》词云"副靖传语木大，鼓儿里且打一和"是也。后世脚色之名，此为最古。且之名，始见于南宋官本杂剧目及金人院本名目。末泥始见于《武林旧事》及《梦粱录》。若生、丑、外、贴，第则更为后起之名矣。

"副靖传语木大"，木大，疑亦脚色之名。金院本名目有《呆木大》，恐即《朝野金载》所谓高崔嵬善弄痴大者也。

胡元瑞《少室山房笔丛》所考脚色甚多疏误。兹将见于古籍之脚色名目，列为一表如下：

| 古名 | 武林旧事 | 梦粱录 | 辍耕录 | 太和正音谱 | 今名 |
|---|---|---|---|---|---|
|  | 戏头 | 末泥（《梦粱录》云"末泥为长"，则末泥即戏头也。） | 末泥 | 正末（当场男子也） | 生 |

（续表）

| 古名 | 武林旧事 | 梦粱录 | 辍耕录 | 太和正音谱 | 今名 |
|---|---|---|---|---|---|
|  | 引戏（《太和正音谱》云：引戏，院本中狙也） | 引戏 | 引戏 | 狙（当场妓女也） | 旦 |
| 参军、副靖、竹竿子 | 次净 |  | 副净 | 靓 | 净 |
| 苍鹘 | 副末 | 副末 | 副末 | 副末 | 末 |
|  |  | 装孤 | 孤装 | 孤 |  |
|  | 装旦 |  | （元曲中有搽旦，明有外旦皆是） |  | 花旦 |
|  |  |  |  | 鸨（元曲中谓之卜儿） | 老旦 |
|  |  |  |  | 捷讥 |  |
| 痴大、木大 |  |  |  |  |  |

元初名公，喜作小令套数。如刘仲晦（秉忠）、杜善夫（仁杰）、杨正卿（果）、姚牧庵（燧）、庐疏斋（挚）、冯海粟（子振）、贯酸斋（小云石海涯）等，皆称擅长，然不作杂剧。士大夫之作杂剧者，唯白兰谷（朴）耳。此外杂剧大家，如关、王、马、郑等，皆名位不著，在士人与倡优之间，故其文字诚有独绝千古者，然学问之孛陋与胸襟之卑鄙，亦独绝千古。戏曲之所以不得与于文学之末者，未始不由于此。至明，而士大夫亦多染指戏曲。前之东嘉，后之临川，皆博雅君子也；至国朝孔季重、洪昉思出，始一扫数百年之芜秽，然生气亦略尽矣。

元曲家中有与同时人同姓名者，以余所知，则有三白贲，三李好古，二刘时中，二赵天锡，二马致远，二秦简夫，二张鸣善，二贾仲明。白贲，一汴人，自号决寿老人，自上世以来至其孙渊，俱以经术著名。见元好问《中州集》。一隩州人，文举（华）之兄，而仁甫（朴）之伯父也。见元遗山《善人白公墓表》。一钱唐人，字无咎，白珽之子。今白珽《湛渊遗稿》有题子贲《折枝牡丹》诗。此即制曲之白无咎也。李好古，其一保定人，或云西平人，即制《张生煮海》杂剧者，见钟嗣成《录鬼簿》。其二，皆宋末元初人，一作《碎锦词》者，一字敏仲，见赵闻礼《阳春白雪》。刘时中，一《元史·世祖本纪》，以刘时中为宣慰使，安辑大理。一号逋斋，南昌人，官至翰林学士，有散曲载杨朝英《阳春白雪》中。世祖武臣有赵天锡，冠氏人，《元史》有传。制曲之赵天锡，则汴人，《辍耕录》载宛邱赵天锡为吾丘衍买妾事，或即其人也。马致远，一大都人，即东篱。一金陵人，马琬文璧之父，见张以宁《翠屏集》。秦简夫，一名略，陵川人，与元遗山同时而辈行较长。一即制曲之秦简夫，《录鬼簿》所谓在都下擅名，近岁来杭者也。张鸣善，一见王逢《梧溪集》，名择，平阳人，官江浙提学，谢病隐居吴江。《录鬼簿》亦有张鸣善，扬州人，宣慰司令史，则制曲者也。贾仲明，《太和正音谱》以为明初人，然吴师道《礼部诗话》云：阎于静初挟其乡人书，至京谒贾仲明。则元时又有一贾仲明矣。曲家名位不著，难以钩稽，往往如此。

曲家多限于一地。元初制杂剧者，不出燕齐晋豫四省，而燕人又占十之八九。中叶以后，则江浙人代兴，而浙人又占十之七八。即北人如郑德辉、乔梦符、曾瑞卿、秦简夫、钟丑斋辈，皆吾浙寓公也。至南曲，则为温州人所擅。宋末之《王魁》、元末之《琵琶》，皆永嘉人作也。又叶文庄《菉竹堂书目》有《永嘉韫玉传奇》，亦元末明初人作。至明中叶以后，制传奇者，以江浙人居十之七八，而江浙人中，又以江之苏州，浙之绍兴居十之七八。此皆风习使然，不足异也。

世以南曲为始于《琵琶记》，非也。叶子奇《草木子》谓："元朝南戏盛行，及当乱，北院本特盛。"《录鬼簿》谓：南北合腔，自沈和甫始。是为元时已有南曲之证。且《南词定律》引明钮少雅《曲谱》，有元传奇《林招得》、元传奇《苏小卿》、元传奇《瓦窑》等，虽明人之书，未必可据，然亦足与叶、钟二说相发明也。又祝允明《猥谈》谓："南戏出于宣政之际，南渡后谓之温州杂剧。"则未详其说所本。

戏曲之存于今者，以《西厢》为最古，亦以《西厢》为最富。宋赵德麟（令畤）始以商调《蝶恋花》十二阕，谱《会真记》事。南宋官本杂剧段数有《莺莺六么》一本，金则有董解元之《弦索西厢》，元则有王实父、关汉卿之《北西厢》，明则陆天池（采）、李君实（日华）均有《南西厢》，周公望（公鲁）有《翻西厢》，国朝则查伊璜（继佐）有《续西厢》，周果庵（坦纶）有《锦西厢》，又有研雪子之《翻西厢》，叠床架屋，殊不可解。

施愚山（闰章）《矩斋杂记》云：传奇《荆钗记》，丑诋孙汝权。案：汝权，宋名进士，有文集，尚气谊，王梅溪先生好友也。梅溪劾史浩八罪，汝权怂恿之，史氏切齿，故人传奇，谬其事以污之。温州周天锡，字懋宠，尝辨其诬，见《竹懒新著》。则《荆钗》似亦出于宋人杂剧，不独《西厢》《琵琶》然也。

胡元瑞谓：韩苑洛以关汉卿比司马子长，大是词场猛诨。余谓汉卿诚不足道，然谓戏曲之体卑于史传，则不敢言。意大利人之视唐旦，英人之视狭斯丕尔，德人之视格代，较吾国人之视司马子长抑且过之。之数人曷尝非戏曲家耶！

余于元剧中得三大杰作焉：马致远之《汉宫秋》、白仁甫之《梧桐雨》、郑德辉之《倩女离魂》是也。马之雄劲，白之悲壮，郑之幽艳，可谓千古绝品。今置元人一代文学于天平之左，而置此二剧于其右，恐衡将右倚矣。

汤若士《还魂记》，世或云刺昙阳子而作。昙阳子者，太仓王文肃公（锡爵）之次女，学道，不嫁而卒。王元美为作传，所谓昙阳菩萨者也。文肃，若士座主也。故蒋心余《临川梦》责若士曰："毕竟是桃李春风旧门墙，怎好将帏簿私情向笔下扬。他平生罪孽这词章。"顾不审昙阳受谤之事。嗣读彭二林《一行居集》云：世之谤昙阳者不一，捕风捉影，久成冤狱，冯子伟人夙慕仙踪，萃当时传记诗文，都为一集，又得昙阳弟衡手书，述家奴造谤始末，公案确然。然尚未审其得何谤也！近阅长沙杨恩寿《词余丛话》详载此事（但不知采自何书），曰"昙阳子死数年，有鄞人娄姓者，以风水游吴越间，妻慧美有艺能，且操吴音，蓄赀甚富，捕者迹之亟，度不可脱，则曰：我太仓王姓也。于是诪然谓昙阳复生矣！时文肃父子俱在朝，以族人司家事，亟召娄夫妇。族人向未见昙阳，莫能辨，有老仆谛视良久，忽省曰：汝非二爷房中某娘乎？始惶恐伏罪。当海内轰传之时，若士遽采风影之谈，填成艳曲"云云。然余谓此说不然。若士撰此曲时，正在太仓，正为文肃而作，又在文肃家居之后，决不作此轻薄事。江熙《扫轨间谈》云：王文肃家居，闻汤义仍到娄东，流连数日，不来谒，径去，心甚异之，乃遣人暗通汤从者，以觇汤所为。汤于路日撰《牡丹亭》，从者亦〔日〕窃写以报。逮成，袖以示文肃，文肃曰：吾获见久矣。又《静志居诗话》亦云：《牡丹亭》初出，太仓相君实先令家乐演之，且云，吾老年人，近颇为此曲惆怅。合此二书观之，则刺昙阳之说，不攻自破矣。

　　无名氏《传奇汇考》谓，《牡丹亭》言外，或别有寄寓。初隆庆时，总督王崇古招俺答来降，封为顺义王；其妻三娘子封忠顺夫人。由是总督之缺，为时所慕。自方逢时、吴兑以后，其权愈重。称曰经略。侍郎郑洛，保定安肃人也，心欲得之；广西蒋遵箴为文选郎中，闻郑女甚美，使人谓曰：以女嫁我，经略可得也。郑以女嫁之，果得经略，而其女远别。洛妻痛哭诉洛，洛亦流涕。张江陵闻之笑曰：郑范溪（洛别字）涕出而女于吴。杜安抚者，盖指洛为经略也。岭南柳梦梅者，遵箴广西人，故曰岭南也。柳梦梅讥杜宝云"你只哄得杨妈妈退兵"者，洛等前后为经略，皆结纳三娘子，三娘子能箝制俺答，又能约束蒙古，故以平得李半讥之也。陈最良语李全妻云："欲讨金子，皆来宋朝取用。"时吴兑以金帛结三娘子，遗百凤裙等，服饰甚众，洛亦可知，故云然也。柳梦梅姓名中有两木字，时丁丑科状元沈懋学、庚辰科状元张懋修、癸未科榜眼李廷机，皆有两木字。柳梦梅对策言"能战而后能守，能守而后能和"，宋时虽已有此语，然其影借者高丽之役，兵部侍郎进战、守、封三策，言能战而后能守，能守而后能封，与此语正合也，云云。附会殊切，似属明人之言。然此《记》即影射时事，犹其第二义；其大恉，则义仍《牡丹亭·自序》尽之矣。

义仍应举时，拒江陵之招，甘于沈滞；登第后，又抗疏劾申时行，不肯讲学；又不附和王、李，在明之文人中，可谓特立独行之士矣。

明姚叔祥（士粦）《见只编》云："余尝见吾盐名画张纪临元人《太宗强幸小周后》粉本，有元人题云：'江南胜得李花开，也被君王强折来。怪底金风冲地起，禁园红紫满龙堆。'"盖以靖康为报也。又有宋人《尝（此字疑误）后图》上，有题曲云："南北惊风，汴城吹动，吹出宫花鲜董董。泼蝶狂蜂不珍重，弃雪拼香，无处著这面孔。一综儿是清风镇的样子，这将军是报粘罕的孟珙。"案，孟珙克蔡时，哀宗后妃均尚在汴。汴为元师所克，无与珙事。此图此曲，必亡宋遗民所为。可谓怒于室而作色于市者矣。小周后事见龙衮《江南野史》，王铚《默记》尝引之。

世多病臧晋叔（懋循）刻《元曲选》，多所改窜；以余所见钱塘丁氏嘉惠堂所藏明初钞本郑廷玉《楚昭王疏者下船》杂剧，谬误拙劣，不及《元曲选》本远甚。盖元剧多遭伶人改窜，久失其真。晋叔所刊，出于黄州刘延伯所得御戏监本，其序已云与今坊本不同。后人执坊本及《雍熙乐府》所选者而议之，宜其多所抵牾矣。

元人杂剧存于今者，只《元曲选》百种，此外如《元人杂剧选》《古名家杂剧》所刻元曲，出于《元曲选》外者，不及十种。且此二书，亦已久佚，唯《雍熙乐府》中尚存丛残折数，然有曲无白，亦难了其意义矣。所存别本，亦只《疏者下船》一种，澹生堂、也是园所藏，竟无一本留于人世者。设无晋叔校刻，今人殆不能知元剧为何物矣。

顷得《盛明杂剧》初集三十种，乃武林沈泰林宗所编，前有张元徵、程羽文二序，张序题崇祯己巳仲春，盖其书刊于是岁也。所载均明代名人之作，然已失元剧规模，间杂以南曲，亦有仅用一折者。

《雍熙乐府》提要云："旧本题海西广氏编。"余所见嘉靖庚子、丙寅二本，均无编者姓名。《曹栋亭书目》则云：苍崑郭口辑，而失其名。今阅日本毛利侯《草月楼书目》，始知为郭勋所辑也。勋，明武定侯郭英曾孙，正德初嗣侯，嘉靖中以议大礼，功进翊国公，加太师。后坐罪下狱死。史称其桀黠有智数，颇涉书史，则此书必勋所辑也。《明史》附见《英传》。

己酉夏，得明季文林阁所刊传奇十种。中梁伯龙《浣纱记》末折，与汲古阁刻本颇异，细审之，乃借用汪伯玉（道昆）《五湖游》杂剧也。此外《易鞋记》六种，在毛刻六十种外，中有似弹词者，殆弋阳、海盐腔也。

今秋，观法人伯希和君所携敦煌石室唐人写本，伯君为言新得明汪廷讷《环翠堂十五种曲》，惜已束装，未能展视。此书已为巴黎国民图书馆所有，不知即《澹生堂书目》著录之《环翠堂乐府》否也？

《传奇汇考》，不知何人所作。去岁中秋，余于厂肆得六册。同时黄陂陈士可参事（毅）亦得四册。互相抄补，共成十册，已著之《曲录》卷六。今秋，武进董授经推丞（康）又得六巨册，殆当前此十册之三倍，均系一手所抄；叙述及考证甚详，然颇病芜陋耳。

焦里堂先生（循）《曲考》一书，见于《扬州画舫录》，闻其手稿，为日本辻君武雄所得。遗书索观后，知焦氏后人自邵伯携书至扬州，中途舟覆，死三人，而稿亦失。里堂先生于此事用力颇深，一旦湮没，深可扼腕。

元人杂剧，佚者已不可睹。今春，陈士可参事于钱唐丁氏藏书中，购得明周宪王杂剧六种：一、《张天师明断辰钩月》，二、《吕洞宾花月神仙会》，三、《群仙庆寿蟠桃会》，四、《紫阳仙三度常椿寿》，五、《瑶池会八仙庆寿》，六、《东华仙三度十长生》，皆宣德间刻本。宪王颇有词名，然曲文庸熟，亦如宋人寿词矣。

宪王《诚斋乐府》七册，见明朱灌甫（睦㮮）《万卷堂书目》，其所另编之《聚乐堂书目》作十册。而吾乡汪氏《振绮堂书目》有《诚斋乐府》十册，注云"元本"；又云"宋杨万里撰"。余案：《杨诚斋集》小词不出十余阕，决无十册之理。此十册殆即《万卷堂》《聚乐堂》所著录者。又误视明初刻本为元本耳。

钱遵王、黄荛圃，学问胸襟嗜好，约略相似；同为吴人，又同喜搜罗词曲。遵王也是园所藏杂剧，至三百余种，多人间希见之本。复翁所居，自拟李中麓"词山曲海"，有"学山海居"之目。然其藏曲之见于题跋者，仅元本《阳春白雪》、明杨仪部《南峰乐府》数种，尚不敌其藏词之精且富也。

曲之为体既卑，为时尤近，学士大夫论之者颇少。明则王元美《曲藻》，略具鉴裁；胡元瑞《笔丛》，稍加考证。臧晋叔、何元朗虽以知音自命，然其言殊无可采。国朝唯焦里堂《籥录》，可比《少室》；融斋《艺概》，略似《弇州》。若李调元《曲话》、杨恩寿《词余丛话》等，均所谓不知而作者也。

# 优语录

元钱唐王晔日华，尝撰《优谏录》，杨维桢为之序，顾其书不传。余览唐宋传说，复辑优人戏语为一篇；顾辑录之意，稍与晔殊。盖优人俳语，大都出于演剧之际，故戏剧之源，与其迁变之迹，可以考焉；非徒其辞之足以裨阙失、供谐笑而已。吕本中《童蒙训》云："作杂剧，打猛诨人，却打猛诨出。"吴自牧《梦粱录》谓："杂剧全托故事，务在滑稽。"洪迈《夷坚志》谓："俳优侏儒，周伎之最下且贱者，然亦能因戏语而箴谏时政，世目为杂剧。"然则宋之杂剧，即属此种。是录之辑，岂徒足以考古，亦以存唐宋之戏曲也。若其囿于闻见，不遍不赅，则俟他日补之。宣统改元冬十月海宁王国维识。

侍中宋璟疾负罪而妄诉不已者，悉付御史台治之。谓中丞李谨度曰："服不更诉者，出之；尚诉不已者，且系。"由是人多怨者。会天旱，有优人作魃状，戏于上前。上问魃："何为出？"对曰："奉相公处分。"又问："何故？"曰："负冤者三百余人，相公悉以系狱抑之，故魃不得不出。"明皇心以为然。（《资治通鉴》。）

相传玄宗尝令左右，提优人黄幡绰入池水中复出，幡绰曰：

"向见屈原笑臣，尔遭逢圣明，何遽至此？"（段成式《酉阳杂俎续集》）。据《朝野佥载》：散乐高崔嵬，善弄痴大，帝令没首水底，少顷，出而大笑，上问之，曰："臣见屈原谓臣云：'我遇楚怀无道，汝何事亦来耶？'"帝不觉惊起，赐物百段。

咸通中，优人李可及者滑稽谐戏，独出辈流。虽不能托讽匡正，然智巧敏捷，亦不可多得。尝因延庆节，缁黄讲论毕，次及倡优为戏。可及乃儒服险巾，褒衣博带，摄齐以升崇坐，自称"三教论衡"。其隅坐问曰："既言博通三教，释迦如来是何人？"曰："是妇人。"问者惊曰："何也？"对曰："《金刚经》云：'敷坐而坐'。或非妇人，何烦夫坐，然后儿坐也。"上为之启齿。又问曰："太上老君何人也？"对曰："亦妇人也。"问者益所不喻。乃曰："《道德经》云：吾有大患，是吾有身，及吾无身，吾复何患。倘非妇人，何患乎有娠乎？"上大悦。又曰："文宣王何人也？"对曰："妇人也。"问者曰："何以知之？"对曰："《论语》云：沽之哉！沽之哉！吾待贾者也。向非妇人，待嫁奚为？"上意极欢，宠锡甚厚。翌日，授环卫之员外职。（高彦休《唐阙史》。）

僖宗皇帝好蹴鞠、斗鸡为乐，自以能于步打，谓俳优石野猪曰："朕若作步打进士举，亦合得状元？"野猪对曰："或遇尧、舜、禹、汤作礼部侍郎，陛下不免且落第。"帝笑而已。（孙光宪《北梦琐言》。）

光化中，朱朴自《毛诗》博士登庸，恃其口辩，可以立致太平。由藩邸引导，闻于昭宗，遂有此拜。对敭之日，面陈时事数条。每言："臣必为陛下致之。"洎操大柄，无所施展，自是恩泽日衰，中外腾沸。内宴日，俳优穆刀陵作念经行者，至御前曰："若是朱相，即是非相。"翌日出官。（同上。）

刘仁恭之军为汴帅败于内黄，尔后汴帅攻燕，亦败于唐河。他日命使聘汴，汴帅开宴，俳优戏医病人以讥之。且问："病状内黄，以何药可瘥？"其聘使谓汴帅曰："内黄，可以唐河水浸之，必愈。"宾主大笑。（同上。）

天复元年，凤翔李茂贞入觐。翌日，宴于寿春殿，茂贞肩舆，衣驼褐，入金銮殿，易服赴宴，咸以为前代跋扈，未有此也。先是，茂贞入阙，焚烧京城。是宴也，俳优安辔新，号茂贞为"火龙子"，茂贞惭惕，俯首。宴罢有言："他日须斩此优！"辔新闻之，请假往凤翔求救。茂贞遥见，诟之曰："此优穷也！何为敢来？"对曰："只要起居，不为求救，近日京中，且卖麸炭，可以取济。"茂贞大笑，而厚赐赦之也。（同上。）

唐昭宗时，财用窘乏，李茂贞令榷油以佐军需。俄有司言："官油沽卖不行，多为诸门放入松明挽夺，乞行禁止。"盖民间然松明为灯故也。优人张廷范曰："此事大好。更有一例：便可并月明禁之。"茂贞大笑，松明之禁遂止。（陈耀文《天中记》引《易斋笑林》。）

唐庄宗既好俳优，又知音，能度曲。至今汾晋之俗，往往能歌其声，谓之御制者，皆是也。其小字亚子，当时人或谓之亚次，又为优名，以自目曰李天下。自其为王，至于为天子，常身与俳优杂戏于庭。伶人由此用事，遂至于亡。皇后刘氏，素微，其父刘叟，卖药善卜，号刘山人。刘氏性悍，方与诸姬争宠，常自耻其家世，而特讳其事。庄宗乃为刘叟衣服，自负著囊、药箧，使其子继岌提破帽而随之，造其卧内，曰：刘山人来省女。刘氏大怒，笞继岌而逐之。宫中以此为笑乐。（《五代史·伶官传》。）

庄宗好田猎，猎于中牟，践民田。中牟县令当马切谏，为民请。庄宗怒，叱县令去，将杀之。伶人敬新磨知其不可，乃率诸伶走追县令，擒至马前，责之曰："汝为县令，独不知吾天子好猎邪？奈何纵民稼墙，以供税赋？何不饥汝县民，而空此地，以备吾天子之驰骋。汝罪当死！"因前请亟行刑，诸伶共倡和之。庄宗大笑，县令乃得免去。庄宗尝与群优戏于庭，四顾而呼曰："李天下，李天下何在？"新磨遽前，以手批其颊。庄宗失色，左右皆恐，群伶亦大惊骇，共持新磨诘曰："汝奈何批天子颊？"新磨对曰："李天下者，一人而已，复谁呼邪？"于是左右皆笑。庄宗大喜，赐与新磨甚厚。新磨尝奏事殿中，殿中多恶犬，新磨去，犬起逐之。新磨倚柱呼曰："陛下毋纵儿女啮人。"庄宗家世夷狄，夷狄之人讳言狗，故新磨以是讥之。庄宗大怒，弯弓注矢将射之。新磨急呼曰："陛下无杀臣，臣与陛下为一体，杀之不祥。"庄宗大惊，问其故。对曰："陛下开国，改元同光，天下皆谓陛下'同光帝'。且'同'，'铜'也，若杀敬新磨，则同无光矣。"庄宗大笑，乃释之。然时诸伶，独新磨尤善俳，其语最著，而不闻其他过恶。（同上。）

王延彬独据建州，称伪号。一旦大设，伶官作戏，辞云："只闻有泗州和尚，不见有五县天子。"（钱易《南部新书》。）

祥符、天禧中，杨大年、钱文僖、晏元献、刘子仪以文章立朝，为诗皆宗李义山，后进多窃义山语句。尝内宴，优人有为义山者，衣服败裂，告人曰："吾为诸馆职挦扯至此。"闻者欢笑。（刘敞《中山诗话》。）

仁宗时，赏花钓鱼宴赋诗，往往宿制。天圣中，永兴军进山水石，因令赋山水石歌，出于不意，多荒恶。中坐，优人入戏，各执纸笔，若吟诗状。一人忽仆入石上，曰："数日来作赏花钓鱼诗，准备应制，却被这石头擦倒。"明日降出诗，令中书铨定，内鄙恶者与外任。（《天中记》引《东斋记事》。）

潞公谓温公曰："吾留守北京，遣人入大辽侦事，回云，见辽主大宴群臣，伶人剧戏，作衣冠者，见物必攫取怀之。有从其后以梃朴之者，曰：'司马端明邪？'君实清名，在夷狄如此。"温公愧谢。（邵伯温《闻见前录》。）

孔道辅奉使契丹，契丹宴使者，优人以文宣王为戏，道辅艴然径出。契丹使主客者，邀道辅还坐，且令谢之。道辅正色曰："中国与北朝通好，以礼文相接，今俳优之徒，侮慢先圣而不之禁，北朝之过也。道辅何谢！"契丹君臣默然。（《宋史·孔道辅传》。）

罗衣轻，不知其乡里，滑稽通变，一时谐谑，多所规讽。兴宗败于李元昊也，单骑突出，几不得脱。先是，元昊获辽人，辄劓其鼻，有奔北者，惟恐追及，故罗衣轻止之曰："且观鼻在否。"上怒，以毪索系帐后，将杀之，太子笑曰："打诨底不是黄幡绰。"罗衣轻应声曰："用兵底亦不是唐太宗。"上闻而释之。上尝与太弟重元狎昵，宴酣，许以千秋万岁后传位，重元喜甚，骄纵不法。又因双陆，赌以居民城邑，帝屡不竞，前后已偿数城。重元既恃梁孝王之宠，又多郑叔段之过，朝臣无敢言者，道路以目。一日复赌，罗衣轻指其局曰："双陆休痴，和你都输去也。"帝始悟，不复戏。清宁间以疾卒。（《辽史·伶官传》。）

熙宁初，王丞相介甫既当轴处中，而神庙方赫然一切委听。号令骤出，但于人情，适有所离合，于是故臣名士，力争其不可，且多被黜降，后来者乃寝结其舌矣。当是时，以君相之威权而不能有所帖服者，独一教坊使丁仙现耳。丁仙现，人但呼之曰丁使。丁使遇介甫法制适一行，必因燕设，于戏场中乃更作为嘲诨，肆其诮难，辄为人笑传。介甫不堪，然无如何也！因触王怒，必欲斩之，神宗乃密诏二王，取丁仙现匿诸王所。二王者，神庙之两爱弟也，故一时谚语："有台官不如伶官。"（蔡絛《铁围山丛谈》。）

顷有秉政者，深被眷倚，言事无不从。一日御宴，教坊杂剧：为小商，自称姓赵名氏，以瓦瓻卖沙糖。道逢故人，喜而拜之。伸足误踏瓻倒，糖流于地。小商弹指叹息曰："甜采，你即溜也，怎奈何？"左右大笑。俚语以王姓为甜采。（此恐指介甫。见王辟之《渑水燕谈录》。）

元丰中，神宗仿汉原庙之制，增筑景灵宫。先于寺观，迎诸帝后御容，奉安禁中，涓日，以次备法驾羽卫前导，赴宫观者夹路，鼓吹振作。教坊使丁仙现舞，望仁宗御像，引袖障面，若挥泪者。都人父老皆泣下。呜呼，帝之德泽在人深矣。（邵伯温《闻见前录》。）

东坡先生近令门人作《人不易物赋》（物为一，人轻重也），或戏作一联曰："伏其几而袭其裳，岂为孔子；学其书而戴其帽，未是苏公。"（士大夫近年仿东坡桶高檐短帽，名曰："子瞻样。")荐因言之。公笑曰:"近扈从醴泉观,优人以相与自夸文章为戏者,一优丁仙现曰:'吾之文章,汝辈不可及也。'众优曰:'何也?'曰:'不见吾头上子瞻乎!'"上为解颜,顾公久之。(李荐《师友谈记》。)

丁仙现自言:及见前朝老乐工,间有优诨及人所不敢言者,不徒为谐谑,往往因以达下情。故仙现亦时时效之。非为优戏,则容貌俨然,如士大夫。(叶梦得《避暑录话》。)

元祐中,上元,驾幸迎祥池,宴从臣。教坊伶人以先圣为戏。刑部侍郎孔宗翰(即道辅之子)奏:"唐文宗时,尝有为此戏,诏斥去之。今圣君宴犒群臣,岂宜尚容有此!"诏付检官置于理。或曰:"此细事,何足言!"孔曰:"非尔所知。天子春秋鼎盛,方且尊德乐道,而贱伎乃尔亵慢,纵而不治,岂不累圣德乎?"闻者羞惭叹服。(《渑水燕谈录》。)

宣和中,童贯用兵燕蓟,败而窜。一日内宴,教坊进伎,为三四婢,首饰皆不同。其一当额为髻,曰"蔡太师家人也";其二髻偏坠,曰"郑太宰家人也";又一人满头为髻如小儿,曰"童大王家人也"。问其故。蔡氏者曰:"太师觐清光,此名朝天髻。"郑氏者曰:"吾太宰奉祠就第,此懒梳髻。"至童氏者,曰:"大王方用兵,此三十六髻也。"(周密《齐东野语》。)

宣和间,钧天乐部焦德者,以谐谑被遇,时借以讽谏。一日,从幸禁苑,指花竹草木,以询其名,德曰:"皆芭蕉也。"上诘之,乃曰:"禁苑花竹,皆取于四方,在途之远,巴至上林,则已焦矣。"上大笑。(周辉《清波杂志》。)

蔡卞之妻七夫人,颇知书,能诗词。蔡每有国事,先谋之于床笫，然后宣之于庙堂。时执政相语曰："吾辈今日所奉行者，皆其咳唾之余也。"蔡拜右相，家宴张乐，伶人扬言曰："右丞今日大拜，都是夫人裙带。"讽其官职自妻而致，中外传以为笑。（同上。）

俳优侏儒，周伎之最下且贱者，然亦能因戏语而箴讽时政，有合于古矇诵工谏之义，世目为杂剧者是也。崇宁初，斥远元祐忠贤，禁锢学术，凡偶涉其时所为所行，无论大小，一切不得志。伶者对御为戏：推一参军作宰相，据坐，宣扬朝政之美。一僧乞给公据游方，视其戒牒，则元祐三年者，立涂毁之，而加以冠巾。一道士失亡度牒，闻披戴时，亦元祐也，剥其羽服，使为民。一士人以元祐五年获荐，当免举，礼部不为引用，来自言，即押送所属屏斥。已而，主管宅库者附耳语曰："今日在左藏库，请相公料钱一千贯，尽是元祐钱，合取钧旨。"其人俯首久之，曰："从后门搬入去。"副者举所桱杖其背，曰："你做到宰相，元来也只要钱！"是时，至尊亦解颜。（洪迈《夷坚志》丁集。）

蔡京作宰，弟卞为元枢。卞乃王安石婿，尊崇妇翁。当孔庙释奠时，跻于配享而封舒王。优人设孔子正坐，颜、孟与安石侍侧。孔子命之坐，安石揖孟子居上，孟辞曰："天下达尊，爵居其一，轲仅蒙公爵，相公贵为真王，何必谦光如此！"遂揖颜曰："回也陋巷匹夫，平生无分毫事业，公为命世真儒，位貌有间，辞之过矣。"安石遂处其上。夫子不能安席，亦避位。安石惶惧拱手云："不敢。"往复未决。子路在外，情愤不能堪，径趋从祀堂，挽公冶长臂而出。公冶为窘迫之状，谢曰：

"长何罪？"乃责数之曰："汝全不救护丈人，看取别人家女婿。"其意以讥卞也。时方议升安石于孟子之右，为此而止。（同上。）

又尝设三辈为儒、道、释，各称颂其教。儒者曰："吾之所学，仁义礼智信，曰五常。"遂演畅其旨，皆采引经书，不杂媟语。次至道士，曰："吾之所学，金木水火土，曰五行。"亦说大意。末至僧，僧抵掌曰："二子腐生常谈，不足听；吾之所学，生老病死苦，曰五化。《藏经》渊奥，非汝等所得闻，当以现世佛菩萨法理之妙，为汝陈之。盍以次问我？"曰："敢问生？"曰："内自太学辟雍，外至下州偏县，凡秀才读书者，尽为三舍生。华屋美馔，月书季考，三岁大比，脱白挂绿，上可以为卿相。国家之于生也如此。"曰："敢问老？"曰："老而孤独贫困，必沦沟壑，今所在立孤老院，养之终身。国家之于老也如此。"曰："敢问病？"曰："不幸而有疾，家贫不能拯疗，于是有安济坊，使之存处，差医付药，责以十全之效。其于病也如此。"曰："敢问死？"曰："死者，人所不免，唯贫民无所归，则择空隙地，为漏泽园。无以敛，则与之棺，使得葬埋；春秋享祀，恩及泉壤。其于死也如此。"曰："敢问苦？"其人瞑目不应，阳若恻悚然。促之再三，乃蹙额答曰："只是百姓一般受无量苦。"徽宗为恻然长思，弗以为罪。（同上。）

崇宁二年，铸大钱。蔡元长建议，俾为折十。民间不便。优人因内宴，为卖浆者，或投一大钱，饮一杯，而索偿其余。卖浆者对以方出市，未有钱，可更饮浆。乃连饮至于五六，其人鼓腹曰："使相公改作折百钱，奈何！"上为之动。法由是改。

又，大农告乏，时有献廪俸减半之议。优人乃为衣冠之士，自冠带衣裾，被身之物，辄除其半。众怪而问之，则曰："减半。"已而，两足共穿半袴，躄而来前。复问之，则又曰："减半。"乃长叹曰："但知减半，岂料难行。"语传禁中，亦遂罢议。（曾敏行《独醒杂志》。）

伪齐刘豫，既僭位，大飨群臣。教坊进杂剧。有处士问星翁曰："自古帝王之兴，必有受命之符，今新主有天下，抑有嘉祥美瑞以应之乎？"星翁曰："固有之。新主即位之前一日，有一星聚东井，真所谓符命也。"处士以杖击之，曰："五星，非一也，乃云聚耳。一星，又何聚焉？"星翁曰："汝固不知也。新主圣德，比汉高祖只少四星儿里。"（沈作喆《寓简》。）

绍兴初，杨存中在建康，诸军之旗中有双胜交环，谓之"二圣环"，取两宫北还之意。因得美玉，琢成帽环，进高庙日尚御裹。偶有伶者在旁，高庙指环示之："此环杨太尉进来，名二圣环。"伶人接奏曰："可惜二圣环只放在脑后。"高宗亦为之改色。所谓"工执艺事以谏"。（张端义《贵耳集》。）

秦桧以绍兴十五年四月丙子朔，赐第望仙桥；丁丑，赐银绢万匹两，钱千万，彩千缣。有诏："就第赐燕，假以教坊优伶。"宰执咸与。中席，优长诵致语，退。有参军者，前，褒桧功德，一伶以荷叶交倚从之。诙语杂至，宾欢既洽，参军方拱揖谢，将就倚，忽坠其幞头，乃总发为髻，如行伍之巾；后有大巾镮，为双叠胜。伶指而问曰："此何镮？"曰："二胜镮。"遽以朴击其首，曰："尔但坐太师交椅，请取银绢例物，此镮掉脑后可也。"

一坐失色。桧怒，明日下伶于狱，有死者。于是语禁始益繁。（岳珂《程史》。）

绍兴中，李椿年行经界量田法。方事之初，郡邑奉命严急，民当其职者，颇困苦之。优者为先圣、先师，鼎足而坐。有弟子从末席起，咨叩所疑。孟子奋曰："夫仁政必自经界始。吾下世千五百年，其言乃为圣世所施用，三千之徒皆不如。"颜子默默无语。或于旁笑曰："使汝不是短命而死，也须做出一场害人事。"时秦桧主张李议，闻者畏获罪，不待此段之毕，即以谤衰圣贤，叱执送狱。明日，杖而逐出境。（《夷坚志》丁集。）

壬戌省试，秦桧之子熺，侄昌时、昌龄，皆奏名。公议籍籍，而无敢辄语。至乙丑春首，优者即戏场，设为士子，赴南宫，相与推论知举官为谁。指侍从某尚书、某侍郎，当主文柄，优长者非之曰："今年必差彭越。"问者曰："朝廷之上，不闻有此官员。"曰："汉梁王也。"曰："彼是古人，死已千年，如何来得？"曰："前举是楚王韩信，信、越一等人，所以知今为彭王。"问者嗤其妄，且扣厥指，笑曰："若不是韩信，如何取得他三秦！"四座不敢领略，一哄而出。秦亦不敢明行谴罚云。（《夷坚志》丁集。）

寿皇赐宰执宴，御前杂剧，装秀才三人。首问曰："第一秀才，仙乡何处？"曰："上党人。"次问："第二秀才，仙乡何处？"曰："泽州人。"又问："第三秀才，仙乡何处？"曰："湖州人。"又问："上党秀才，汝乡出何生药？"曰："某乡出人参。"次问："泽州秀才，汝乡出甚生药？"曰："某乡出甘草。"

次问："湖州出甚生药？"曰："出黄檗。""如何湖州出黄檗？""最是黄檗苦人！"当时，皇伯秀王在湖州，故有此语。寿皇即日召入，赐第，奉朝请。（《贵耳集》。）

何自然中丞上疏乞朝廷并库，寿皇从之。方且讲究未定，御前有燕，杂剧伶人妆一卖故衣者，持裤一腰，只有一只裤口。买者得之，问："如何著？"卖者曰："两脚并做一裤口。"买者曰："裤却并了，只恐行不得。"寿皇即寝此议。（同上。）

胡给事元质既新贡院，嗣岁庚子，适大比，乃侈其事，命供张考校者，悉倍前规。鹄袍入试，茗卒馈浆，公庖继肉，坐案宽洁。执事恪敬，阗阗于于，以岊于文，士论大惬。会初场，赋题出《孟子》"舜闻善若决江河"，而以"闻善而行沛然莫御"为韵。士既就案矣。蜀俗敬长而尚先达，每在广场，不废请益焉。晡后，忽一老儒，摘《礼部韵》示诸生，谓沛字唯十四泰有之，一为颠沛，一为沛邑。注无沛决之义。惟它有霈字，乃从雨为可疑。众曰"是"，哄然叩帘请。出题者方假寐，有少年出酬之，漫不经意，亶云："《礼部韵》注义既非，增一雨头无害也。"揖而退，如言以登于卷。坐远于帘者，或不闻知，乃仍用前字。于是试者用霈、沛各半。明日将试《论语》，籍籍传，凡用沛字者皆窘。复叩帘。出题者初不知昨夕之对，应曰如字。廷中大喧，浸不可制，噪而入曰："试官误我三年，利害不细。"帘前闱木如拱，皆折。或入于房，执考校者一人殴之。考校者惶遽，急曰："有雨头也得，无雨头也得！"或又咎其误，曰："第二场更不敢也。"盖一时祈脱之词，移时稍定。试司申：鼓噪场屋。胡以不称于礼遇也，怒，物色为首者，尽系狱。韦布益不平。既拆号，例宴主司以劳还，毕三爵，优伶序进。有儒服。立于前者，一人旁揖之，相与诧博洽，辨古今，岸然不相下。因各求挑试所诵忆。其一问："汉名宰相凡几？"儒服以萧曹以下，枚数之无遗。群优咸赞其能。乃曰："汉相吾言之矣。敢问唐三百载，名将帅何人也？"旁揖者亦诎指英、卫以及季叶，曰："张巡、许远、田万春。"儒服奋起，争曰："巡、远之姓是也，万春之姓雷，历考史牒，未有以雷为田者。"揖者不服，撑拒腾口。俄一绿衣参军，自称教授，前据几，二人敬质疑，曰："是故雷姓。"揖者大诟，祖裼奋拳，教授遽作恐惧状，曰："有雨头也得，无雨头亦得！"坐中方失色，知其讽己也。忽优有黄衣者，持令旗跃出稠人中，曰："制置大学给事台旨：试官在座，尔辈安得无礼！"群优亟敛下，喏曰："第二场更不敢也。"侠圮皆笑，席客大惭。明日遁去。遂释系者。胡意其为郡士所使，录优而诘之，杖而出诸境。（《桯史》。）

蜀伶多能文，俳语率杂以经史，凡制帅幕府之宴集，多用之。嘉定初，吴畏斋帅成都，从行者多选人，类以京削系念。伶知其然。一日，为古衣冠服数人，游于庭，自称孔门弟子。交质以姓氏，或曰常，或曰于，或曰吾。问其所莅官，则合而应曰："皆选人也。"固请析之。居首者率然对曰："子乃不我知，《论语》所谓'常从事于斯矣'，即某其人也。官为从事而系以姓，固理之然。"问次，曰："亦出《论语》'于从政乎何有'，盖即某官氏之称。"又问其次，曰："某又《论语》十七篇所谓'吾将仕'者。"遂相与叹咤，以选调为淹抑。有恣惠其旁者，曰：

"子之名不见于七十子，固圣门下第，盍扣十哲而受教焉。"如其言，见颜、闵，方在堂，群而请益。子骞蹙额曰："如之何？何必改！"衮公应之曰："然，回也不改。"众怃然不怡，曰："无已，质诸夫子。"如之，夫子不答，久而曰："钻遂改，火急可已矣。"坐客皆愧而笑。闻者至今启颜。优流侮圣言，直可诛绝。特记一时之戏语如此。（同上。）

韩平原在庆元初，其弟仰胄为知阁门事，颇与密议，时人谓之"大小韩"，求捷径者争趋之。一日内宴，优人有为衣冠到选者，自叙履历、材艺，应得美官，而流滞铨曹，自春徂冬，未有所拟，方徘徊浩叹。又为日者，敝帽持扇，过其旁，遂邀之谈庚甲，问以得禄之期。日者厉声曰："君命甚高；但于五星局中，财帛宫若有所碍。目下若欲亨达，先见小寒；更望成事，必见大寒可也。"优盖以寒为韩。侍宴者皆缩颈匿笑。（同上。）

嘉泰末年，平原公恃有扶日之功，凡事自作威福，政事皆不由内出。会内宴，伶人王公瑾曰："今日政如客人卖伞，不由里面。"宁宗恭淑后上仙，而曹氏为姨好，平原恃以为亲属，偶值真里富国进驯象至，平原语公瑾曰："不闻有真里富国。"（音如李辅国。）公瑾曰："如今有假杨国忠。"平原虽憾之，而无罪加焉。（《天中记》引《白獭髓》。）

韩侂胄用兵既败，为之须发俱白，闷不知所为。优伶因上赐侂胄宴，设樊迟、樊哙，旁有一人曰樊恼。又设一人，揖问迟："谁与你取名？"对以夫子所取。则拜曰："是圣门之高弟也。"又揖问哙，曰："谁名汝？"对曰："汉高祖所命。"则拜曰："真汉家之名将也。"又揖恼,曰:"谁名汝?"对以"樊恼自取"。
(叶绍翁《四朝闻见录》戊集。)

郭倪、郭果败,因赐宴,优伶以生菱进于桌上,命二人移桌,忽生菱堕,尽碎。其一人云:"苦,苦,苦!坏了许多生灵,只因移果桌。"(同上。)

金章宗元妃李氏,势位熏赫,与皇后侔。一日,宴宫中,优人瑇瑁头者,戏于前。或问:"上国有何符瑞?"优曰:"汝不闻凤凰见乎?"曰:"知之而未闻其详。"优曰:"其飞有四,所应亦异。若向上飞,则风雨顺时;向下飞,则五谷丰登;向外飞,则四国来朝;向里飞,则加官进禄。"上笑而罢。(《金史·后妃传》。)

宋端平间,真德秀应召而起,百姓仰之,若元祐之仰涑水也。继参大政,未及有所建置而卒。魏了翁帅师,亦未及有所经略而罢。临安优人,装一生儒,手持一鹤;别一生儒与之邂逅,问其姓名,曰:"姓钟名庸。"问所持何物,曰:"大鹤也。"因倾盖欢然,呼酒对饮。其人大嚼洪吸,酒肉靡有孑遗。忽颠仆于地,群数人曳之不动。一人乃批其颊,大骂曰:"说甚《中庸》《大学》,与了许多酒食,一动也不动。"遂一笑而罢。(罗大经《鹤林玉露》。今通行十六卷本无此条。此条出《天中记》所引。)

己亥,史岩之为京尹,其弟以参政督兵于淮。一日内宴,伶人衣金紫,而幞头忽脱,乃红巾也。或惊问曰:"贼裹红巾,何为官亦如此?"傍一人答曰:"如今做官的都是如此。"于是褫其衣冠,则有万回佛自怀中坠地。其旁者曰:"他虽做贼,且看他哥哥面。"（《齐东野语》。案：参政即史嵩之，其兄无考。）

女冠吴知古用事，人皆侧目。内宴日，参军四筵张乐，胥辈请金文书，参军怒曰："吾方听觱栗，可少缓。"请至再三，答如前。胥击其首曰："甚事不被觱栗坏了！"盖俗呼黄冠为觱栗也。（同上。）

王叔（疑有阙字）知吴门日，名其酒曰"彻底清"。锡宴日，伶人持一樽，夸于众曰："此酒名彻底清。"既而开樽，则浊醪也。旁诮之曰："汝既为彻底清，却如何如此？"答云："本是彻底清，被钱打得浑了。"（同上。）

蜀伶尤能涉猎古今，援引经史，以佐口吻，资笑谈。当史丞相弥远用事，选人改官，多出其门。制阃大宴，有优为衣冠者数辈，皆称为孔门弟子，相与言吾侪皆选人。遂各言其姓。"吾为常从事"，"吾为于从政"，"吾为吾将仕"，"吾为路文学"。别有二人出，曰："吾宰予也。夫子曰：于予与改，可谓佞幸。"其一曰："吾颜回也。夫子曰，回也不改。吾为四科之首而不改，汝何为独改？"曰："吾钻，故改，汝何不钻？"回曰："吾非不钻，而钻弥坚耳。"曰："汝之不改宜也，何不钻弥远乎？"其离析文义，可谓侮圣言；而巧发微中，有足称言者焉。（同上。）

蜀伶有袁三者，名尤著。有从官姓袁者，制蜀颇乏廉声。群优四人，分主酒、色、财、气，各夸张其好尚之乐，而余者互讥诮之。至袁优，则曰："吾所好者，财也。"因极言财之美、利，众亦讥诮之。徐以手自指曰："任你讥笑，其如袁丈好此何！"（同上。）

弘治己未科会试，学士程敏政主考，仆辈假通关节，以要赂。举人唐寅辈因而夤缘，欲窃高第，为言官华昶等所发，逮赴诏狱。孝皇亲御午门，会法司官鞠问，以东宫旧官，从轻夺职。尝闻事未发时，孝皇内宴，优人扮出一人，以盘捧熟豚蹄七，行且号曰："卖蹄呵。"一人就买，问价几何。曰："一千两一个。"买者曰："何贵若是！"卖者曰："此俱熟蹄，非生蹄也。"哄堂而罢。孝皇顿悟。（明徐咸《西园杂记》。）

# 人间词话

一

词以境界为最上。有境界则自成高格，自有名句。五代、北宋之词所以独绝者在此。

二

有造境，有写境，此理想与写实二派之所由分。然二者颇难分别。因大诗人所造之境，必合乎自然，所写之境，亦必邻于理想故也。

三

有有我之境，有无我之境。"泪眼问花花不语，乱红飞过秋千去""可堪孤馆闭春寒，杜鹃声里斜阳暮"，有我之境也。"采菊东篱下，悠然见南山""寒波澹澹起，白鸟悠悠下"，无我之境也。有我之境，以我观物，故物皆著我之色彩。无我之境，以物观物，故不知何者为我，何者为物。古人为词，写有我之境者为多，然未始不能写无我之境，此在豪杰之士能自树立耳。

# 四

无我之境，人唯于静中得之。有我之境，于由动之静时得之。故一优美，一宏壮也。

# 五

自然中之物，互相关系，互相限制。然其写之于文学及美术中也，必遗其关系、限制之处。故虽写实家，亦理想家也。又虽如何虚构之境，其材料必求之于自然，而其构造，亦必从自然之法则。故虽理想家，亦写实家也。

# 六

境非独谓景物也。喜怒哀乐，亦人心中之一境界。故能写真境物、真感情者，谓之有境界，否则谓之无境界。

# 七

"红杏枝头春意闹"，著一"闹"字，而境界全出。"云破月来花弄影"，著一"弄"字，而境界全出矣。

# 八

境界有大小，不以是而分优劣。"细雨鱼儿出，微风燕子斜"，何遽不若"落日照大旗，马鸣风萧萧"；"宝帘闲挂小银钩"，何遽不若"雾失楼台，月迷津渡"也。

# 九

严沧浪《诗话》谓："盛唐诸公，唯在兴趣。羚羊挂角，无迹可求。故其妙处，透彻玲珑，不可凑拍。如空中之音、相中之色、水中之影、镜中之象，言有尽而意无穷。"余谓北宋以前之词，亦复如是。然沧浪所谓"兴趣"，阮亭所谓"神韵"，犹不过道其面目，不若鄙人拈出"境界"二字，为探其本也。

# 十

太白纯以气象胜。"西风残照，汉家陵阙"，寥寥八字，遂关千古登临之口。后世唯范文正之《渔家傲》、夏英公之《喜迁莺》，差足继武，然气象已不逮矣。

# 十一

张皋文谓：飞卿之词"深美闳约"。余谓：此四字，唯冯正中足以当之。刘融斋谓飞卿"精艳绝人"，差近之耳。

# 十二

"画屏金鹧鸪"，飞卿语也，其词品似之。"弦上黄莺语"，端己语也，其词品亦似之。正中词品，若欲于其词句中求之，则"和泪试严妆"，殆近之欤？

# 十三

南唐中主词："菡萏香销翠叶残，西风愁起绿波间。"大有

"众芳芜秽""美人迟暮"之感。乃古今独赏其"细雨梦回鸡塞远，小楼吹彻玉笙寒"，故知解人正不易得。

## 十四

温飞卿之词，句秀也。韦端已之词，骨秀也。李重光之词，神秀也。

## 十五

词至李后主而眼界始大，感慨遂深，遂变伶工之词而为士大夫之词。周介存置诸温、韦之下，可谓颠倒黑白矣。"自是人生长恨水长东""流水落花春去也，天上人间"，《金荃》《浣花》能有此气象耶？

## 十六

词人者，不失其赤子之心者也。故生于深宫之中，长于妇人之手，是后主为人君所短处，亦即为词人所长处。

## 十七

客观之诗人，不可不多阅世。阅世愈深，则材料愈丰富，愈变化，《水浒》《红楼梦》之作者是也。主观之诗人，不必多阅世。阅世愈浅，则性情愈真，李后主是也。

## 十八

尼采谓："一切文学，余爱以血书者。"后主之词，真所谓以血书者也。宋道君皇帝《燕山亭》词亦略似之。然道君不过自道身世之感，后主则俨有释迦、基督担荷人类罪恶之意，其大小固不同矣。

## 十九

冯正中词虽不失五代风格，而堂庑特大，开北宋一代风气。与中、后二主词皆在《花间》范围之外，宜《花间集》中不登其只字也。

## 二十

正中词除《鹊踏枝》《菩萨蛮》十数阕最煊赫外，如《醉花间》之"高树鹊衔巢，斜月明寒草"，余谓韦苏州之"流萤渡高阁"、孟襄阳之"疏雨滴梧桐"，不能过也。

## 二十一

欧九《浣溪沙》词"绿杨楼外出秋千"，晁补之谓：只一"出"字，便后人所不能道。余谓：此本于正中《上行杯》词"柳外秋千出画墙"，但欧语尤工耳。

## 二十二

梅圣俞《苏幕遮》词："落尽梨花春又了。满地残阳，翠色和烟老。"刘融斋谓：少游一生似专学此种。余谓：冯正中《玉楼春》词"芳菲次第长相续，自是情多无处足。尊前百计得春归，莫为伤春眉黛促"，永叔一生似专学此种。

## 二十三

人知和靖《点绛唇》、圣俞《苏幕遮》、永叔《少年游》三阕为咏春草绝调。不知先有正中"细雨湿流光"五字，皆能摄春草之魂者也。

## 二十四

《诗·蒹葭》一篇，最得风人深致。晏同叔之"昨夜西风凋碧树。独上高楼，望尽天涯路"，意颇近之。但一洒落，一悲壮耳。

## 二十五

"我瞻四方，蹙蹙靡所骋"，诗人之忧生也，"昨夜西风凋碧树。独上高楼，望尽天涯路"似之。"终日驰车走，不见所问津"，诗人之忧世也，"百草千花寒食路，香车系在谁家树"似之。

## 二十六

古今之成大事业、大学问者，必经过三种之境界："昨夜西风凋碧树。独上高楼，望尽天涯路"，此第一境也；"衣带渐宽终不悔，为伊消得人憔悴"，此第二境也；"众里寻他千百度，回头蓦见，那人正在，灯火阑珊处"，此第三境也。此等语皆非大词人不能道。然遽以此意解释诸词，恐为晏、欧诸公所不许也。

## 二十七

永叔"人生自是有情痴，此恨不关风与月""直须看尽洛城花，始共春风容易别"，于豪放之中有沈著之致，所以尤高。

## 二十八

冯梦华《宋六十一家词选·序例》谓："淮海、小山，古之伤心人也。其淡语皆有味，浅语皆有致。"余谓：此唯淮海足以当之。小山矜贵有余，但可方驾子野、方回，未足抗衡淮海也。

## 二十九

少游词境，最为凄婉。至"可堪孤馆闭春寒，杜鹃声里斜阳暮"，则变而凄厉矣。东坡赏其后二语，犹为皮相。

## 三十

"风雨如晦，鸡鸣不已""山峻高以蔽日兮，下幽晦以多雨。霰雪纷其无垠兮，云霏霏而承宇""树树皆秋色，山山唯落晖""可堪孤馆闭春寒，杜鹃声里斜阳暮"，气象皆相似。

## 三十一

昭明太子称陶渊明诗："跌宕昭彰，独超众类。抑扬爽朗，莫之与京。"王无功称薛收赋："韵趣高奇，词义晦远。嵯峨萧瑟，真不可言。"词中惜少此二种气象，前者惟东坡，后者惟白石，略得一二耳。

## 三十二

词之雅郑，在神不在貌。永叔、少游虽作艳语，终有品格。方之美成，便有淑女与倡伎之别。

## 三十三

美成词深远之致不及欧、秦。唯言情体物，穷极工巧，故不失为第一流之作者；但恨创调之才多，创意之才少耳。

## 三十四

词忌用替代字。美成《解语花》之"桂华流瓦"，境界极妙，惜以"桂华"二字代"月"耳。梦窗以下，则用代字更多。其所以然者，非意不足，则语不妙也。盖意足则不暇代，语妙则不必代。此少游之"小楼连苑""绣毂雕鞍"所以为东坡所讥也。

## 三十五

沈伯时《乐府指迷》云："说桃不可直说桃，须用'红雨''刘郎'等字。说柳不可直说破柳，须用'章台''灞岸'等字。"若惟恐人不用代字者。果以是为工，则古今类书具在，又安用词为耶？宜其为《提要》所讥也。

## 三十六

美成《苏幕遮》词："叶上初阳干宿雨。水面清圆，一一风荷举。"此真能得荷之神理者。觉白石《念奴娇》《惜红衣》二词，犹有隔雾看花之恨。

## 三十七

东坡《水龙吟》咏杨花，和韵而似原唱。章质夫词，原唱而似和韵。才之不可强也如是！

## 三十八

咏物之词，自以东坡《水龙吟》为最工，邦卿《双双燕》次之。白石"暗香""疏影"格调虽高，然无一语道著，视古人"江边一树垂垂发"等句何如耶？

## 三十九

白石写景之作，如"二十四桥仍在，波心荡、冷月无声""数峰清苦，商略黄昏雨""高树晚蝉，说西风消息"，虽格韵高绝，然如雾里看花，终隔一层。梅溪、梦窗诸家写景之病，皆在一"隔"字。北宋风流，渡江遂绝。抑真有运会存乎其间耶？

## 四十

问"隔"与"不隔"之别，曰：陶、谢之诗不隔，延年则稍隔矣。东坡之诗不隔，山谷则稍隔矣。"池塘生春草""空梁落燕泥"等二句，妙处唯在不隔。词亦如是。即以一人一词论，如欧阳公《少年游》咏春草上半阕云"阑干十二独凭春，晴碧远连云。千里万里，二月三月，行色苦愁人"，语语都在目前，便是不隔；至云"谢家池上，江淹浦畔"，则隔矣。白石《翠楼吟》"此地。宜有词仙，拥素云黄鹤，与君游戏。玉梯凝望久，叹芳草、萋萋千里"便是不隔；至"酒祓清愁，花消英气"，则隔矣。然南宋词虽不隔处，比之前人，自有浅深厚薄之别。

## 四十一

"生年不满百，常怀千岁忧。昼短苦夜长，何不秉烛游""服食求神仙，多为药所误。不如饮美酒，被服纨与素"，写情如此，方为不隔。"采菊东篱下，悠然见南山。山气日夕佳，飞鸟相与还""天似穹庐，笼盖四野。天苍苍，野茫茫，风吹草低见牛羊"，写景如此，方为不隔。

## 四十二

古今词人格调之高，无如白石。惜不于意境上用力，故觉无言外之味，弦外之响，终不能与于第一流之作者也。

## 四十三

南宋词人，白石有格而无情，剑南有气而乏韵。其堪与北宋人颉颃者，唯一幼安耳。近人祖南宋而祧北宋，以南宋之词可学，北宋不可学也。学南宋者，不祖白石，则祖梦窗；以白石、梦窗可学，幼安不可学也。学幼安者，率祖其粗犷、滑稽；以其粗犷、滑稽处可学，佳处不可学也。幼安之佳处，在有性情，有境界。即以气象论，亦有"横素波、干青云"之概，宁后世龌龊小生所可拟耶？

## 四十四

东坡之词旷，稼轩之词豪。无二人之胸襟而学其词，犹东施之效捧心也。

## 四十五

读东坡、稼轩词，须观其雅量高致，有伯夷、柳下惠之风。白石虽似蝉脱尘埃，然终不免局促辕下。

## 四十六

苏、辛词中之狂。白石犹不失为狷。若梦窗、梅溪、玉田、草窗、西麓辈，面目不同，同归于乡愿而已。

## 四十七

稼轩《中秋饮酒达旦，用天问体作木兰花慢以送月》曰："可怜今夕月，向何处、去悠悠？是别有人间，那边才见，光景东头。"词人想象，直悟月轮绕地之理，与科学家密合，可谓神悟。

## 四十八

周介存谓："梅溪词中，喜用'偷'字，足以定其品格。"刘融斋谓："周旨荡而史意贪。"此二语令人解颐。

## 四十九

介存谓：梦窗词之佳者，如"水光云影，摇荡绿波，抚玩无极，追寻已远"。余览《梦窗甲乙丙丁稿》中，实无足当此者；有之，其"隔江人在雨声中，晚风菰叶生秋怨"二语乎？

## 五十

梦窗之词，吾得取其词中之一语以评之，曰："映梦窗，零乱碧。"玉田之词，亦得取其词中之一语以评之，曰："玉老田荒。"

## 五十一

"明月照积雪""大江流日夜""中天悬明月""长河落日圆"，此种境界，可谓千古壮观。求之于词，唯纳兰容若塞上之作，如《长相思》之"夜深千帐灯"、《如梦令》之"万帐穹庐人醉，星影摇摇欲坠"差近之。

## 五十二

纳兰容若以自然之眼观物，以自然之舌言情。此由初入中原，未染汉人风气，故能真切如此。北宋以来，一人而已。

## 五十三

陆放翁跋《花间集》谓："唐季五代，诗愈卑，而倚声者辄简古可爱。能此不能彼，未可以理推也。"《提要》驳之，谓："犹能举七十斤者，举百斤则蹶，举五十斤则运掉自如。"其言甚辨。然谓词必易于诗，余未敢信。善乎陈卧子之言曰："宋人不知诗而强作诗，故终宋之世无诗。然其欢愉愁怨之致，动于中而不能抑者，类发于诗余，故其所造独工。"五代词之所以独胜，亦由此也。

## 五十四

四言敝而有《楚辞》，《楚辞》敝而有五言，五言敝而有七言，古诗敝而有律绝，律绝敝而有词。盖文体通行既久，染指遂多，自成习套。豪杰之士，亦难于其中自出新意，故遁而作他体，以自解脱。一切文体所以始盛终衰者，皆由于此。故谓文学后不如前，余未敢信。但就一体论，则此说固无以易也。

## 五十五

诗之三百篇、十九首，词之五代、北宋，皆无题也。非无题也，诗词中之意，不能以题尽之也。自《花庵》《草堂》每调立题，并古人无题之词亦为之作题。如观一幅佳山水，而即曰此某山某河，可乎？诗有题而诗亡，词有题而词亡，然中材之士，鲜能知此而自振拔者矣。

## 五十六

大家之作，其言情也必沁人心脾，其写景也必豁人耳目。其辞脱口而出，无矫揉妆束之态。以其所见者真，所知者深也。诗词皆然。持此以衡古今之作者，可无大误也。

## 五十七

人能于诗词中不为美刺、投赠之篇，不使隶事之句，不用粉饰之字，则于此道已过半矣。

## 五十八

以《长恨歌》之壮采，而所隶之事，只"小玉""双成"四字，才有余也。梅村歌行，则非隶事不办。白、吴优劣，即于此见。不独作诗为然，填词家亦不可不知也。

## 五十九

近体诗体制，以五、七言绝句为最尊，律诗次之，排律最下。盖此体于寄兴言情，两无所当，殆有韵之骈体文耳。词中小令如绝句，长调似律诗，若长调之《百字令》《沁园春》等，则近于排律矣。

## 六十

诗人对宇宙人生，须入乎其内，又须出乎其外。入乎其内，故能写之。出乎其外，故能观之。入乎其内，故有生气。出乎其外，故有高致。美成能入而不出。白石以降，于此二事皆未梦见。

## 六十一

诗人必有轻视外物之意，故能以奴仆命风月。又必有重视外物之意，故能与花鸟共忧乐。

## 六十二

"昔为倡家女，今为荡子妇。荡子行不归，空床难独守""何不策高足，先据要路津？无为守穷贱，轗轲长苦辛"，可谓淫鄙之尤。然无视为淫词、鄙词者，以其真也。五代、北宋之大词人亦然。非无淫词，读之者但觉其亲切动人。非无鄙词，但觉其精力弥满。可知淫词与鄙词之病，非淫与鄙之病，而游词之病也。"岂不尔思，室是远而"，子曰："未之思也，夫何远之有？"恶其游也。

## 六十三

"枯藤老树昏鸦。小桥流水人家。古道西风瘦马。夕阳西下。断肠人在天涯。"此元人马东篱《天净沙》小令也。寥寥数语，深得唐人绝句妙境。有元一代词家，皆不能办此也。

## 六十四

白仁甫《秋夜梧桐雨》剧，沈雄悲壮，为元曲冠冕。然所作《天籁词》，粗浅之甚，不足为稼轩奴隶。岂创者易工，而因者难巧欤？抑人各有能有不能也？读者观欧、秦之诗远不如词，足透此中消息。

# 人间词话（未刊手稿）

## 一

白石之词，余所最爱者，亦仅二语，曰："淮南皓月冷千山，冥冥归去无人管。"

## 二

诗至唐中叶以后，殆为羔雁之具矣。故五代、北宋之诗，佳者绝少，而词则为其极盛时代。即诗词兼擅如永叔、少游者，亦词胜于诗远甚。以其写之于诗者，不若写之于词者之真也。至南宋以后，词亦为羔雁之具，而词亦替矣。此亦文学升降之一关键也。

## 三

曾纯甫中秋应制，作《壶中天慢》词。自注云："是夜西兴亦闻天乐。"谓宫中乐声，闻于隔岸也。毛子晋谓："天神亦不以人废言。"近冯梦华复辨其诬。不解"天乐"两字文义，殊笑人也。

# 四

梅溪、梦窗、玉田、草窗、西麓诸家，词虽不同，然同失之肤浅。虽时代使然，亦其才分有限也。近人弃周鼎而宝康瓠，实难索解。

# 五

余填词不喜作长调，尤不喜用人韵，偶而游戏，作《水龙吟》咏杨花，用质夫、东坡倡和韵，作《齐天乐》咏蟋蟀，用白石韵，皆有与晋代兴之意。然余之所长殊不在是，世之君子宁以他词称我。

# 六

余友沈昕伯紘自巴黎寄余《蝶恋花》一阕云："帘外东风随燕到。春色东来，循我来时道。一霎围场生绿草，归迟却怨春来早。锦绣一城春水绕。庭院笙歌，行乐多年少。著意来开孤客抱，不知名字闲花鸟。"此词当在晏氏父子间，南宋人不能道也。

# 七

樊抗夫谓余词如《浣溪沙》之"天末同云"，《蝶恋花》之"昨夜梦中""百尺朱楼""春到临春"等阕，凿空而道，开词家未有之境。余自谓：才不若古人，但于力争第一义处，古人亦不如我用意耳。

## 八

叔本华曰："抒情诗，少年之作也。叙事诗及戏曲，壮年之作也。"余谓：抒情诗，国民幼稚时代之作。叙事诗，国民盛壮时代之作也。故曲则古不如今（元曲诚多天籁，然其思想之陋劣，布置之粗笨，千篇一律，令人喷饭，至本朝之《桃花扇》《长生殿》诸传奇，则进矣），词则今不如古。盖一则以布局为主，一则须伫兴而成故也。

## 九

北宋名家以方回为最次。其词如历下、新城之诗，非不华瞻，惜少真味。

## 十

散文易学而难工，骈文难学而易工。近体诗易学而难工，古体诗难学而易工。小令易学而难工，长调难学而易工。

## 十一

古诗云："谁能思不歌，谁能饥不食？"诗词者，物之不得其平而鸣者也。故"欢愉之辞难工，愁苦之言易巧"。

## 十二

社会上之习惯，杀许多之善人；文学上之习惯，杀许多之天才。

## 十三

词之为体，要眇宜修，能言诗之所不能言，而不能尽言诗之所能言。诗之境阔，词之言长。

## 十四

言气质，言神韵，不如言境界。境界为本也；气质、格律、神韵，末也。有境界，而三者随之矣。

## 十五

"秋风吹渭水，落日满长安"，美成以之入词，白仁甫以之入曲，此借古人之境界为我之境界者也。然非自有境界，古人亦不为我用。

## 十六

词家多以景寓情。其专作情语而绝妙者，如牛峤之"甘作一生拼，尽君今日欢"、顾琼之"换我心为你心，始知相忆深"、欧阳修之"衣带渐宽终不悔，为伊消得人憔悴"、美成之"许多烦恼，只为当时，一饷留情"，此等词古今曾不多见。余《乙稿》中颇于此方面有开拓之功。

## 十七

长调自以周、柳、苏、辛为最工。美成《浪淘沙慢》二词，精壮顿挫，已开北曲之先声。若屯田之《八声甘州》，玉局之

《水调歌头》"中秋寄子由"，则仁兴之作，格高千古，不能以常词论也。

## 十八

稼轩《贺新郎》词"送茂嘉十二弟"，章法绝妙。且语语有境界，此能品而几于神者。然非有意为之，故后人不能学也。

## 十九

稼轩《贺新郎》词："柳暗凌波路。送春归猛风暴雨，一番新绿。"又，《定风波》词："从此酒酣明月夜，耳热。""绿""热"二字，皆作上去用。与韩玉《东浦词·贺新郎》以"玉""曲"叶"注""女"，《卜算子》以"夜""谢"叶"食""月"，已开北曲四声通押之祖。

## 二十

谭复堂《箧中词选》谓："蒋鹿潭《水云楼词》与成容若、项莲生，二百年间，分鼎三足。"然《水云楼词》小令颇有境界，长调惟存气格。《忆云词》亦精实有余，超逸不足，皆不足与容若比。然视皋文、止庵辈，则偶乎远矣。

## 二十一

贺黄公裳《皱水轩词筌》云："张玉田《乐府指迷》其调叶宫商，铺张藻绘抑亦可矣，至于风流蕴藉之事，真属茫茫，如啖官厨饭者，不知牲宰之外别有甘鲜也。"此语解颐。

## 二十二

周保绪济《词辨》云："玉田，近人所最尊奉，才情诣力，亦不后诸人，终觉积谷作米、把缆放船，无开阔手段。"又云："叔夏所以不及前人处，只在字句上著功夫，不肯换意。"近人喜学玉田，亦为修饰字句易，换意难。

## 二十三

词家时代之说，盛于国初。竹垞谓："词至北宋而大，至南宋而深。"后此词人，群奉其说。然其中亦非无具眼者。周保绪曰："南宋下不犯北宋拙率之病，高不到北宋浑涵之诣。"又曰："北宋词多就景叙情，故珠圆玉润，四照玲珑。至稼轩、白石，一变而为即事叙景，使深者反浅，曲者反直。"潘四农德舆曰："词滥觞于唐，畅于五代，而意格之闳深曲挚，则莫盛于北宋。词之有北宋，犹诗之有盛唐。至南宋则稍衰矣。"刘融斋熙载曰："北宋词用密亦疏、用隐亦亮、用沈亦快、用细亦阔、用精亦浑。南宋只是掉转过来。"可知此事自有公论。虽止庵词颇浅薄，潘刘尤甚；然其推尊北宋，则与明季云间诸公，同一卓识也。

## 二十四

唐五代、北宋词，可谓"生香真色"。若云间诸公，则采花耳。湘真且然，况其次也者乎！

## 二十五

《衍波词》之佳者，颇似贺方回。虽不及容若，要在锡鬯、其年之上。

## 二十六

近人词如复堂词之深婉，疆村词之隐秀，皆在吾家半塘翁上。疆村学梦窗而情味较梦窗反胜。盖有临川、庐陵之高华，而济以白石之疏越者。学人之词，斯为极则。然古人自然神妙处，尚未梦见。

## 二十七

宋直方《蝶恋花》"新样罗衣浑弃却，犹寻旧日春衫著"、谭复堂《蝶恋花》"连理枝头侬与汝，千花百草从渠许"，可谓寄兴深微。

## 二十八

《半塘丁稿》和冯正中《鹊踏枝》十阕，乃《鹜翁词》之最精者。"望远愁多休纵目"等阕，郁伊惝恍，令人不能为怀。《定稿》只存六阕，殊为未允也。

## 二十九

固哉，皋文之为词也！飞卿《菩萨蛮》、永叔《蝶恋花》、子瞻《卜算子》，皆兴到之作，有何命意？皆被皋文深文罗织。

阮亭《花草蒙拾》谓："坡公命宫磨蝎，生前为王珪、舒亶辈所苦，身后又硬受此差排。"由今观之，受差排者，独一坡公已耶？

## 三十

贺黄公谓："姜论史词，不称其'软语商量'，而称其'柳昏花暝'，固知不免项羽学兵法之恨。"然"柳昏花暝"，自是欧、秦辈以属。吾从白石，不能附和黄公矣。

## 三十一

"池塘春草谢家春，万古千秋五字新。传语闭门陈正字，可怜无补费精神"，此遗山《论诗绝句》也。梦窗、玉田辈，当不乐闻此语。

## 三十二

朱子《清邃阁论诗》谓："古人有句，今人诗更无句，只是一直说将去。这般一日作百首也得。"余谓北宋之词有句，南宋以后便无句。如玉田、草窗之词，所谓"一日作百首也得"者也。

## 三十三

朱子谓："梅圣俞诗不是平淡，乃是枯槁。"余谓草窗、玉田之词亦然。

## 三十四

"自怜诗酒瘦，难应接许多春色""能几番游，看花又是明年"，此等语亦算警句耶？乃值如许费力！

## 三十五

文文山词，风骨甚高，亦有境界，远在圣与、叔夏、公谨诸公之上。亦如明初诚意伯词，非季迪、孟载诸人所敢望也。

## 三十六

宋《李希声诗话》云："古人作诗，正以风调高古为主。虽意远语疏，皆为佳作。后人有切近的当、气格凡下者，终使人可憎。"余谓北宋词亦不妨疏远。若梅溪以降，正所谓"切近的当、气格凡下"者也。

## 三十七

自竹垞痛贬《草堂诗余》而推《绝妙好词》，后人群附和之。不知《草堂》虽有亵诨之作，然佳词恒得十之六七。《绝妙好词》则除张、范、辛、刘诸家外，十之八九，皆极无聊赖之词。甚矣，人之贵耳贱目者之多也！

## 三十八

《提要》载《古今词话》六卷，国朝沈雄纂。雄字偶僧，吴江人。是编所述上起于唐，下迄康熙中年。然维见明嘉靖前合口本《笺注草堂诗余》，林外《洞仙歌》下引《古今词话》云：
"此词乃近时林外题于吴江垂虹亭。"（明刻《类编草堂诗余》
亦同。）案《升庵词品》云：林外字岂尘，有《洞仙歌》，书
于垂虹亭畔，作道装，不告姓名，饮醉而去，人疑为吕洞宾。
传入宫中，孝宗笑曰："云崖洞天无锁，'锁'与'老'叶韵，
则'锁'音扫，乃闽音也。"侦问之，果闽人林外也。《齐东野
语》所载亦略同。则《古今词话》宋时固有此书，岂雄窃此书而
复益以近代事欤？又《季沧苇书目》载《古今词话》十卷，而沈
雄所纂只六卷，益证其非一书矣。

## 三十九

"君王枉把平陈业，换得雷塘数亩田"，政治家之言也。"长
陵亦是闲邱陇，异日谁知与仲多"，诗人之言也。政治家之眼，
域于一人一事。诗人之眼，则通古今而观之。词人观物，须用诗
人之眼，不可用政治家之眼。故感事、怀古等作，当与寿词同为
词家所禁也。

## 四十

宋人小说，多不足信。如《雪舟脞语》谓，台州知府唐仲
友眷官妓严蕊奴，朱晦庵系治之。及晦庵移去，提刑岳霖行部至
台，蕊乞自便。岳问曰："去将安归？"蕊赋《卜算子》词云"住
也如何住"云云。案此词系仲友戚高宣教作，使蕊歌以侑觞者，
见朱子《纠唐仲友奏牍》。则《齐东野语》所纪朱、唐公案，恐
亦未可信也。

## 四十一

唐五代之词，有句而无篇。南宋名家之词，有篇而无句。有篇有句，唯李后主降宋后之作，及永叔、子瞻、少游、美成、稼轩数人而已。

## 四十二

唐五代、北宋之词家，倡优也。南宋后之词家，俗子也。二者其失相等。然词人之词，宁失之倡优，不失之俗子。以俗子之可厌，较倡优为甚故也。

## 四十三

《蝶恋花》"独倚危楼"一阕，见《六一词》，亦见《乐章集》。余谓：屯田轻薄子，只能道"奶奶兰心蕙性"耳。"衣带渐宽终不悔，为伊消得人憔悴"，此等语固非欧公不能道也。

## 四十四

读《会真记》者，恶张生之薄倖而恕其奸非。读《水浒传》者，恕宋江之横暴而责其深险。此人人之所同也。故艳词可作，唯万不可作俍薄语。龚定庵诗云："偶赋凌云偶倦飞，偶然闲慕遂初衣。偶逢锦瑟佳人问，便说寻春为汝归。"其人之凉薄无行，跃然纸墨间。余辈读耆卿、伯可词，亦有此感。视永叔、希文小词何如耶？

## 四十五

词人之忠实，不独对人事宜然。即对一草一木，亦须有忠实之意，否则所谓游词也。

## 四十六

读《花间》《尊前集》，令人回想徐陵《玉台新咏》。读《草堂诗余》，令人回想韦縠《才调集》。读朱竹垞《词综》，张皋文、董子远《词选》，令人回想沈德潜《三朝诗别裁集》。

## 四十七

明季国初诸老之论词，大似袁简斋之论诗，其失也，纤小而轻薄。竹垞以降之论词者，大似沈归愚，其失也，枯槁而庸陋。

## 四十八

东坡之旷在神，白石之旷在貌。白石如王衍口不言阿堵物，而暗中为营三窟之计，此其所以可鄙也。

## 四十九

"纷吾既有此内美兮，又重之已修能"，文学之事，于此二者不可缺一。然词乃抒情之作，故尤重内美。无内美而但有修能，则白石耳。

# 五十

诗人视一切外物，皆游戏之材料也。然其游戏，则以热心为之，故诙谐与严重二性质，亦不可缺一也。

# 《红楼梦》评论

## 第一章　人生及美术之概观

老子曰："人之大患，在我有身。"庄子曰："大块载我以形，劳我以生。"忧患与劳苦之与生，相对待也久矣。夫生者，人人之所欲；忧患与劳苦者，人人之所恶也。然则，诅不人人欲其所恶，而恶其所欲欤？将其所恶者，固不能不欲，而其所欲者，终非可欲之物欤？人有生矣，则思所以奉其生。饥而欲食，渴而欲饮，寒而欲衣，露处而欲宫室，此皆所以维持一人之生活者也。然一人之生，少则数十年，多则百年而止耳。而吾人欲生之心，必以是为不足。于是于数十年百年之生活外，更进而图永远之生活：时则有牝牡之欲，家室之累；进而育子女矣，则有保抱、扶持、饮食、教诲之责，婚嫁之务。百年之间，早作而夕思，穷老而不知所终，问有出于此保存自己及种姓之生活之外者乎？无有也。百年之后，观吾人之成绩，其有逾于此保存自己及种姓之生活之外者乎？无有也。又人人知侵害自己及种姓之生活者之非一端也，于是相集而成一群，相约束而立一国，择其贤且智者以为之君，为之立法律以治之，建学校以教之，为之警察以防内奸，为之陆海军以御外患，使人人各遂其生活之欲而不相侵害，凡此皆欲生之心之所为也。夫人之于生活也，欲之如此其切也，用力如此其勤也，设计如此其周且至也，固亦有其真可欲者存欤？吾人之忧患劳苦，固亦有所以偿之者欤？则吾人不得不就生活之本质，熟思而审考之也。

生活之本质何？"欲"而已矣。欲之为性无厌，而其原生于不足。不足之状态，苦痛是也。既偿一欲，则此欲以终。然欲之被偿者一，而不偿者什伯。一欲既终，他欲随之。故究竟之慰藉，终不可得也。即使吾人之欲悉偿，而更无所欲之对象，倦厌之情即起而乘之。于是吾人自己之生活，若负之而不胜其重。故人生者，如钟表之摆，实往复于苦痛与倦厌之间者也，夫倦厌固可视为苦痛之一种。有能除去此二者，吾人谓之曰快乐。然当其求快乐也，吾人于固有之苦痛外，又不得不加以努力，而努力亦苦痛之一也。且快乐之后，其感苦痛也弥深。故苦痛而无回复之快乐者有之矣，未有快乐而不先之或继之以苦痛者也。又此苦痛与世界之文化俱增，而不由之而减。何则？文化愈进，其知识弥广，其所欲弥多，又其感苦痛亦弥甚故也。然则人生之所欲，既无以逾于生活，而生活之性质又不外乎苦痛，故欲与生活与苦痛，三者一而已矣。

吾人生活之性质，既如斯矣，故吾人之知识，遂无往而不与生活之欲相关系，即与吾人之利害相关系。就其实而言之，则知识者，固生于此欲，而示此欲以我与外界之关系，使之趋利而避害者也。常人之知识，止知我与物之关系，易言以明之，止知物之与我相关系者，而于此物中，又不过知其与我相关系之部分而已。及人知渐进，于是始知欲知此物与我之关系，不可不研究此物与彼物之关系。知愈大者，其研究愈远焉，自是而生各种之科学。如欲知空间之一部之与我相关系者，不可不知空间全体之关系，于是几何学兴焉。（按西洋几何学［Geometry］之本义，系量地之意，可知古代视为应用之科学，而不视为纯粹之科学也。）欲知力之一部之与我相关系者，不可不知力之全体关系，于是力学兴焉。吾人既知一物之全体之关系，又知此物与彼物之全体之关系，而立一法则焉，以应用之。于是物之现于吾前者，其与我之关系，及其与他物之关系，粲然陈于目前而无所遁。夫然后吾人得以利用此物，有其利而无其害，以使吾人生活之欲，增进于无穷。此科学之功效也。故科学上之成功，虽若层楼杰观，高严巨丽，然其基址则筑乎生话之欲之上，与政治上之系统立于生活之欲之上无以异。然则吾人理论与实际之二方面，皆此生活之欲之结果也。

由是观之，吾人之知识与实践之二方面，无往而不与生活之欲相关系，即与苦痛相关系。兹有一物焉，使吾人超然于利害之外，而忘物与我之关系。此时也，吾人之心无希望，无恐怖，非复欲之我，而但知之我也。此犹积阴弥月，而旭日杲杲也；犹覆舟大海之中，浮沉上下，而飘著于故乡之海岸也；犹阵云惨淡，而插翅之天使，赍平和之福音而来者也；犹鱼之脱于罟网，鸟之自樊笼出，而游于山林江海也。然物之能使吾人超然于利害之外者，必其物之于吾人无利害之关系而后可；易言以明之，必其物非实物而后可。然则非美术何足以当之乎？夫自然界之物，无不与吾人有利害之关系；纵非直接，亦必间接相关系者也。苟吾人而能忘物与我之关系而观物，则夫自然界之山明水媚，鸟飞花落，固无往而非华胥之国、极乐之土也。岂独自然界而已？人类之言语动作，悲欢啼笑，孰非美之对象乎？然此物既与吾人有利害之关系，而吾人欲强离其关系而观之，自非天才，岂易及此？于是天才者出，以其所观于自然人生中者复现之于美术中，而使中智以下之人，亦因其物之与己无关系，而超然于利害之外。是故观物无方，因人而变：濠上之鱼，庄、惠之所乐也，而渔父袭之以网罟；舞雩之木，孔、曾之所憩也，而樵者继之以斤斧。若物非有形，心无所住，则虽殉财之夫，贵私之子，宁有对曹霸、韩幹之马，而计驰骋之乐，见毕宏、韦偃之松，而思栋梁之用；求好逑于雅典之偶，思税驾于金字之塔者哉？故美术之为物，欲者不观，观者不欲；而艺术之美所以优于自然之美者，全存子使人易忘物我之关系也。

而美之为物有二种：一曰优美，一曰壮美。苟一物焉，与吾人无利害之关系，而吾人之观之也，不观其关系，而但观其物；或吾人之心中，无丝毫生活之欲存，而其观物也，不视为与我有关系之物，而但视为外物，则今之所观者，非昔之所观者也。此时吾心宁静之状态，名之曰优美之情，而谓此物曰优美。若此物大不利于吾人，而吾人生活之意志为之破裂，因之意志遁去，而知力得为独立之作用，以深观其物，吾人谓此物曰壮美，而谓其感情曰壮美之情。普通之美，皆属前种。至于地狱变相之图、决斗垂死之像、庐江小吏之诗、雁门尚书之曲，其人固氓庶之所共怜，其遇虽戾夫为之流涕，讵有子颓乐祸之心，宁无尼父反袂之戚，而吾人观之，不厌千复。格代之诗曰：

What in life doth only grieve us,

That in art we gladly see.

凡人生中足以使人悲者，于美术中则吾人乐而观之。

此之谓也。此即所谓壮美之情。而其快乐存于使人忘物我之关系，则固与优美无以异也。

至美术中之与二者相反者，名之曰眩惑。夫优美与壮美，皆使吾人离生活之欲，而入于纯粹之知识者。若美术中而有眩惑之原质乎，则又使吾人自纯粹之知识出，而复归于生活之欲。如粔籹蜜饵，《招魂》《七发》之所陈；玉体横陈，周昉、仇英之所绘；《西厢记》之《酬柬》、《牡丹亭》之《惊梦》、伶元之传飞燕、杨慎之赝《秘辛》，徒讽一而劝百，欲止沸而益薪。所以子云有"靡靡"之诮，法秀有"绮语"之诃。虽则梦幻泡影，可作如是观，而拔舌地狱，专为斯人设者矣。故眩惑之于美，如甘之于辛，火之于水，不相并立者也。吾人欲以眩惑之快乐，医人世之苦痛，是犹欲航断港而至海，入幽谷而求明，岂徒无益，而又增之。则岂不以其不能使人忘生活之欲，及此欲与物之关系，而反鼓舞之也哉！眩惑之与优美及壮美相反对，其故实存于此。

今既述人生与美术之概略如左，吾人且持此标准，以观我国之美术。而美术中以诗歌、戏曲、小说为其顶点，以其目的在描写人生故。吾人于是得一绝大著作，曰《红楼梦》。

## 第二章　《红楼梦》之精神

衰伽尔之诗曰：

Ye wise men, highly, deeply learned,

Who think it out and know,

How, when and where do all things pair?

Why do they kiss and love?

Ye men of lofty Wisdom, say

What happened to me then,

Search out and tell me where, how, when,

And why it happened thus.

嗟汝哲人，靡所不知，靡所不学，既深且跻。粲粲生物，罔不匹俦，各翯厥唇，而相厥攸。匪汝哲人，孰知其故？自何时始，来自何处？嗟汝哲人，渊渊其知。相彼百昌，奚而熙熙？愿言哲人，诏余其故。自何时始，来自何处？

衰伽尔之问题，人人所有之问题，而人人未解决之大问题也。人有恒言曰："饮食男女，人之大欲存焉。"然人七日不食则死，一日不再食则饥。若男女之欲，则于一人之生活上，宁有害无利者也，而吾人之欲之也如此，何哉？吾人自少壮以后，其过半之光阴，过半之事业，所计画所勤动者为何事？汉之成、哀，曷为而丧其生？殷辛、周幽，曷为而亡其国？励精如唐玄宗，英武如后唐庄宗，曷为而不善其终？且人生苟为数十年之生活计，则其维持此生活，亦易易耳，曷为而其忧劳之度，倍蓰而未有已？记曰："人不婚宦，情欲失半。"人苟能解此问题，则于人生之知识，思过半矣。而蚩蚩者乃日用而不知，岂不可哀也欤！其自哲学上解此问题者，则二千年间，仅有叔本华之《男女之爱之形而上学》耳。诗歌、小说之描写此事者，通古今中西，殆不能悉数，然能解决之者鲜矣。《红楼梦》一书，非徒提出此问题，又解决之者也。彼于开卷即下男女之爱之神话的解释。其叙此书之主人公贾宝玉之来历曰：

> 却说女娲氏炼石补天之时，于大荒山无稽崖，炼成高十二丈、见方二十四丈大的顽石三万六千五百零一块。那娲皇只用了三万六千五百块，单单剩下一块未用，弃在青埂峰下。谁知此石自经锻炼之后，灵性已通，自去自来，可大可小。因见众石俱得补天，独自己无才，不得入选，遂自怨自艾，日夜悲哀。（第一回。）

此可知生活之欲之先人生而存在，而人生不过此欲之发现也。此可知吾人之堕落，由吾人之所欲，而意志自由之罪恶也。夫顽钝者既不幸而为此石矣，又幸而不见用，则何不游于广漠之野、无何有之乡，以自适其适，而必欲入此忧患劳苦之世界，不可谓非此石之大误也。由此一念之误，而遂造出十九年之历史与百二十回之事实，与茫茫大士、渺渺真人何与？又于第百十七回中，述宝玉与和尚之谈论曰：

> "弟子请问师父，可是从太虚幻境而来？"那和尚道："什么幻境！不过是来处来，去处去罢了。我是送还你的玉来的。我且问你，那玉是从哪里来的？"宝玉一时对答不来。那和尚笑道："你的来路还不知，便来问我！"宝玉本来颖悟，又经点化，早把红尘看破，只是自己的底里未知，一闻那僧问起玉来，好像当头一棒，便说："你也不用银子了，我把那玉还你罢。"那僧笑道："早该还我了！"

所谓"自己的底里未知"者，未知其生活乃自己之一念之误，而此念之所自造也。及一闻和尚之言，始知此不幸之生活，由自己之所欲；而其拒绝之也，亦不得由自己，是以有还玉之言。所谓玉者，不过生活之欲之代表而已矣。故携入红尘者，非彼二人之所为，顽石自己而已；引登彼岸者，亦非二人之力，顽石自己而已。此岂独宝玉一人然哉？人类之堕落与解脱，亦视其意志而已。而此生活之意志，其于永远之生活，比个人之生活为尤切；易言以明之，则男女之欲，尤强于饮食之欲。何则？前者无尽的，后者有限的也；前者形而上的，后者形而下的也。又如上章所说，生活之于苦痛，二者一而非二，而苦痛之度，与主张生活之欲之度为比例。是故前者之苦痛，尤倍蓰于后者之苦痛。而《红楼梦》一书，实示此生活、此苦痛之由于自造，又示其解脱之道不可不由自己求之者也。

而解脱之道，存于出世，而不存于自杀。出世者，拒绝一切生活之欲者也。彼知生活之无所逃于苦痛，而求人于无生之域。当其终也，恒干虽存，固已形如槁木，而心如死灰矣。若生活之欲如故，但不满于现在之生活，而求主张之于异日，则死于此者，固不得不复生于彼，而苦海之流，又将与生活之欲而无穷。故金钏之堕井也，司棋之触墙也，尤三姐、潘又安之自刎也，非解脱也，求偿其欲而不得者也。彼等之所不欲者，其特别之生活，而对生活之为物，则固欲之而不疑。故此书中真正之解脱，仅贾宝玉、惜春、紫鹃三人耳。而柳湘莲之入道，有似潘又安；芳官之出家，略同于金钏。故苟有生活之欲存乎，则虽出世而无与于解脱；苟无此欲，则自杀亦未始非解脱之一者也。如鸳鸯之死，彼固有不得已之境遇在；不然，则惜春、紫鹃之事，固亦其所优为者也。

而解脱之中，又自有二种之别：一存于观他人之苦痛，一存于觉自己之苦痛。然前者之解脱，唯非常之人为能，其高百倍于后者，而其难亦百倍。但由其成功观之，则二者一也。通常之人，其解脱由于苦痛之阅历，而不由于苦痛之知识。唯非常之人，由非常之知力，而洞观宇宙人生之本质，始知生活与痛苦之不能相离，由是求绝其生活之欲，而得解脱之道。然于解脱之途中，彼之生活之欲，犹时时起而与之相抗，而生种种之幻影。所谓恶魔者，不过此等幻影之人物化而已矣。故通常之解脱，存于自己之苦痛，彼之生活之欲，因不得其满足而愈烈，又因愈烈而愈不得其满足，如此循环而陷于失望之境遇，遂悟宇宙人生之真相，遽而求其息肩之所。彼全变其气质，而超出乎苦乐之外，举昔之所执著者，一旦而舍之。彼以生活为炉、苦痛为炭，而铸其解脱之鼎。彼以疲于生活之欲故，故其生活之欲，不能复起而为之幻影。此通常之人解脱之状态也。前者之解脱，如惜春、紫鹃；后者之解脱，如宝玉。前者之解脱，超自然的也，神明的也；后者之解脱，自然的也，人类的也。前者之解脱，宗教的；后者美术的也。前者平和的也；后者悲感的也，壮美的也，故文学的也，诗歌的也，小说的也。此《红楼梦》之主人公所以非惜春、紫鹃，而为贾宝玉者也。

呜呼，宇宙一生活之欲而已！而此生活之欲之罪过，即以生活之苦痛罚之，此即宇宙之永远的正义也。自犯罪，自加罚，自忏悔，自解脱。美术之务，在描写人生之苦痛与其解脱之道，而使吾侪冯生之徒，于此桎梏之世界中，离此生活之欲之争斗，而得其暂时之平和，此一切美术之目的也。夫欧洲近世之文学中，所以推格代之《法斯德》为第一者，以其描写博士法斯德之苦痛，及其解脱之途径，最为精切故也。若《红楼梦》之写宝玉，又岂有以异于彼乎？彼于缠陷最深之中，而已伏解脱之种子，故听《寄生草》之曲，而悟立足之境；读《胠箧》之篇，而作焚花散麝之想。所以未能者，则以黛玉尚在耳，至黛玉死而其志渐决。然尚屡失于宝钗，几败于五儿，屡蹶屡振，而终获最后之胜利。读者观自九十八回以至百二十回之事实，其解脱之行程，精进之历史，明了真切何如哉！且法斯德之苦痛，天才之苦痛；宝玉之苦痛，人人所有之苦痛也。其存于人之根柢者为独深，而其希救济也为尤切，作者一一掇拾而发挥之。我辈之读此书者，宜如何表满足感谢之意哉！而吾人于作者之姓名，尚未有确实之知识，岂徒吾侪寡学之羞，亦足以见二百余年来，吾人之祖先，对此宇宙之大著述，如何冷淡遇之也。谁使此大著述之作者不敢自署其名？此可知此书之精神大背于吾国人之性质，及吾人之沉溺于生活之欲而乏美术之知识，有如此也。然则，予之为此论，亦自知有罪也矣。

## 第三章 《红楼梦》之美学上之价值

如上章之说，吾国人之精神，世间的也，乐天的也，故代表其精神之戏曲、小说，无往而不著此乐天之色彩：始于悲者终于欢，始于离者终于合，始于困者终于亨；非是而欲餍阅者之心，难矣。若《牡丹亭》之返魂，《长生殿》之重圆，其最著之一例也。《西厢记》之以惊梦终也，未成之作也，此书若成，吾乌知其不为《续西厢》之浅陋也？有《水浒传》矣，曷为而又有《荡寇志》？有《桃花扇》矣，曷为而又有《南桃花扇》？有《红楼梦》矣，彼《红楼复梦》《补红楼梦》《续红楼梦》者，曷为而作也？又曷为而有反对《红楼梦》之《儿女英雄传》？故吾国之文学中，其具厌世解脱之精神者，仅有《桃花扇》与《红楼梦》耳。而《桃花扇》之解脱，非真解脱也。沧桑之变，目击之而身历之，不能自悟，而悟于张道士之一言；且以历数千里，冒不测之险，投缧绁之中，所索之女子，才得一面，而以道士之言，一朝面舍之，自非三尺童子，其谁信之哉？故《桃花扇》之解脱，他律的也；而《红楼梦》之解脱，自律的也。且《桃花扇》之作者，但借侯、李之事，以写故国之戚，而非以描写人生为事。故《桃花扇》，政治的也，国民的也，历史的也；《红楼梦》，哲学的也，宇宙的也，文学的也。此《红楼梦》之所以大背于吾国人之精神，而其价值亦即存乎此。彼《南桃花扇》《红楼复梦》等，正代表吾国人乐天之精神者也。

《红楼梦》一书与一切喜剧相反，彻头彻尾之悲剧也。其大宗旨如上章之所述，读者既知之矣。除主人公不计外，凡此书中之人有与生活之欲相关系者，无不与苦痛相终始，以视宝琴、岫烟、李纹、李绮等，若藐姑射神人，夐乎不可及矣。夫此数人者，曷尝无生活之欲，曷尝无苦痛？而书中既不及写其生活之欲，则其苦痛自不得而写之；足以见二者如骖之靳，而永远的正义，无往不逞其权力也。又吾国之文学，以挟乐天的精神故，故往往说诗歌的正义，善人必令其终，而恶人必罹其罚：此亦吾国戏曲、小说之特质也。《红楼梦》则不然，赵姨、凤姐之死，非鬼神之罚，彼良心自己之苦痛也。若李纨之受封，彼于《红楼梦》十四曲中，固已明说之曰：

〔晚韶华〕镜里恩情，更那堪梦里功名！那韶华去之何迅。再休题绣帐鸳衾；只这戴珠冠，披凤袄，也抵不了无常性命。虽说是人生莫受老来贫，也须要阴骘积儿孙。气昂昂头戴簪缨，光灿灿胸悬金印，威赫赫爵禄高登，昏惨惨黄泉路近。问古来将相可还存？也只是虚名儿与后人钦敬。（第五回。）

此足以知其非诗歌的正义，而既有世界人生以上，无非永远的正义之所统辖也。故曰《红楼梦》一书，彻头彻尾的悲剧也。

由叔本华之说，悲剧之中又有三种之别：第一种之悲剧，由极恶之人，极其所有之能力以交构之者。第二种，由于盲目的运命者。第三种之悲剧，由于剧中之人物之位置及关系而不得不然者；非必有蛇蝎之性质与意外之变故也，但由普通之人物、普通之境遇，逼之不得不如是；彼等明知其害，交施之而交受之，各加以力而各不任其咎。此种悲剧，其感人贤于前二者远甚。何则？彼示人生最大之不幸，非例外之事，而人生之所固有故也。若前二种之悲剧，吾人对蛇蝎之人物与盲目之命运，未尝不悚然战慄；然以其罕见之故，犹幸吾生之可以免，而不必求息肩之地也。但在第三种，则见此非常之势力，足以破坏人生之福祉者，无时而不可坠于吾前；且此等惨酷之行，不但时时可受诸己，而或可以加诸人；躬丁其酷，而无不平之可鸣，此可谓天下之至惨也。若《红楼梦》，则正第三种之悲剧也。兹就宝玉、黛玉之事言之：贾母爱宝钗之婉嫕，而惩黛玉之孤僻，又信金玉之邪说，而思压宝玉之病；王夫人固亲于薛氏；凤姐以持家之故，忌黛玉之才而虞其不便于己也；袭人惩尤二姐、香菱之事，闻黛玉"不是东风压倒西风，就是西风压倒东风"（第八十一回）之语，惧祸之及，而自同于凤姐，亦自然之势也。宝玉之于黛玉，信誓旦旦，而不能言之于最爱之之祖母，则普通之道德使然；况黛玉一女子哉！由此种种原因，而金玉以之合，木石以之离，又岂有蛇蝎之人物、非常之变故，行于其间哉？不过通常之道德，通常之人情，通常之境遇为之而已。由此观之，《红楼梦》者，可谓悲剧中之悲剧也。

由此之故，此书中壮美之部分，较多于优美之部分，而眩惑之原质殆绝焉。作者于开卷即申明之曰：

> 更有一种风月笔墨，其淫秽污臭，最易坏人子弟。至于才子佳人等书，则又开口文君，满篇子建，千部一腔，千人一面，且终不能不涉淫滥。在作者不过欲写出自己两首情诗艳赋来，故假捏出男女二人名姓，又必旁添一小人拨乱其间，如戏中小丑一般。（此又上节所言之一证。）

兹举其最壮美者之一例，即宝玉与黛玉最后之相见一节曰：

> 那黛玉听着傻大姐说宝玉娶宝钗的话，此时心里竟是油儿酱儿糖儿醋儿倒在一处的一般，甜苦酸咸，竟说不上什么味儿来了……自己转身，要回潇湘馆去，那身子竟有千百斤重的，两只脚却像踏着棉花一般，早已软了。只得一步一步，慢慢的走将下来。走了半天，还没到沁芳桥畔，脚下愈加软了。走的慢，且又迷迷痴痴，信着脚从那边绕过来，更添了两箭地路。这时刚到沁芳桥畔，却又不知不觉的顺着堤往向里走起来。紫鹃取了绢子来，却不见黛玉。正在那里看

时，只见黛玉颜色雪白，身子恍恍荡荡的，眼睛也直直的，在那里东转西转……只得赶过来轻轻的问道："姑娘怎么又回去？是要往那里去？"黛玉也只模糊听见，随口答道："我问问宝玉去。"……紫鹃只得搀他进去。那黛玉却又奇怪了，这时不似先前那样软了，也不用紫鹃打帘子，自己掀起帘子进来……见宝玉在那里坐着，也不起来让坐，只瞧着嘻嘻的呆笑。黛玉自己坐下，却也瞧着宝玉笑。两个也不问好，也不说话，也无推让，只管对着脸呆笑起来，忽然听着黛玉说道："宝玉！你为什么病了？"宝玉笑道："我为林姑娘病了。"袭人、紫鹃两个，吓得面目改色，连忙用言语来岔。两个却又不答言，仍旧呆笑起来……紫鹃搀起黛玉，那黛玉也就站起来，瞧着宝玉，只管笑，只管点头儿。紫鹃又催道："姑娘回家去歇歇罢！"黛玉道："可不是，我这就是回去的时候儿了！"说着，便回身笑着出来了。仍旧不用丫头们搀扶，自己却走得比往常飞快。（第九十六回。）

如此之文，此书中随处有之，其动吾人之感情何如？凡稍有审美的嗜好者，无人不经验之也。

《红楼梦》之为悲剧也如此。昔雅里大德勒于《诗论》中，谓悲剧者，所以感发人之情绪而高上之，殊如恐惧与悲悯之二者，为悲剧中固有之物，由此感发，而人之精神于焉洗涤。故其目的，伦理学上之目的也。叔本华置诗歌于美术之顶点，又置悲剧于诗歌之顶点；而于悲剧之中，又特重第三种，以其示人生之真相，又示解脱之不可已故。故美学上最终之目的，与伦理学上最终之目的合。由是，《红楼梦》之美学上之价值，亦与其伦理学上之价值相联络也。

## 第四章　《红楼梦》之伦理学上之价值

自上章观之，《红楼梦》者，悲剧中之悲剧也。其美学上之价值，即存乎此。然使无伦理学上之价值以继之，则其于美术上之价值，尚未可知也。今使为宝玉者，于黛玉既死之后，或感愤而自杀，或放废以终其身，则虽谓此书一无价值可也。何则？欲达解脱之域者，固不可不尝人世之忧患；然所贵乎忧患者，以其为解脱之手段故，非重忧患自身之价值也。今使人日日居忧患，言忧患，而无希求解脱之勇气，则天国与地狱，彼两失之；其所领之境界，除阴云蔽天，沮洳弥望外，固无所获焉。黄仲则《绮怀》诗曰：

> 如此星辰非昨夜，为谁风露立中宵。

又其卒章曰：

> 结束铅华归少作，屏除丝竹入中年；茫茫来日愁如海，
> 寄语羲和快着鞭。

其一例也。《红楼梦》则不然，其精神之存于解脱，如前二章所说，兹固不俟喋喋也。

然则解脱者，果足为伦理学上最高之理想否乎？自通常之道德观之，夫人知其不可也。夫宝玉者，固世俗所谓绝父子、弃人伦、不忠不孝之罪人也。然自太虚中有今日之世界，自世界中有今日之人类，乃不得不有普通之道德，以为人类之法则。顺之者安，逆之者危；顺之者存，逆之者亡。于今日之人类中，吾固不能不认普通之道德之价值也。然所以有世界人生者，果有合理

的根据欤？抑出于盲目的动作，而别无意义存乎其间欤？使世界人生之存在，而有合理的根据，则人生中所有普通之道德，谓之绝对的道德可也。然吾人从各方而观之，则世界人生之所以存在，实由吾人类之祖先一时之误谬。诗人之所悲歌，哲学者之所冥想，与夫古代诸国民之传说，若出一揆。若第二章所引《红楼梦》第一回之神话的解释，亦于无意识中暗示此理，较之《创世记》所述人类犯罪之历史，尤为有味者也。夫人之有生，既为鼻祖之误谬矣，则夫吾人之同胞，凡为此鼻祖之子孙者，苟有一人焉，未入解脱之域，则鼻祖之罪终无时而赎，而一时之误谬，反覆至数千万年而未有已也。则夫绝弃人伦如宝玉其人者，自普通之道德言之，固无所辞其不忠不孝之罪；若开天眼而观之，则彼固可谓干父之蛊者也。知祖父之误谬，而不忍反覆之以重其罪，顾得谓之不孝哉？然则宝玉“一子出家，七祖升天”之说，诚有见乎所谓孝者在此不在彼，非徒自辩护而已。

　　然则举世界之人类，而尽入于解脱之域，则所谓宇宙者，不诚无物也欤？然有无之说，盖难言之矣。夫以人生之无常，而知识之不可恃，安知吾人之所谓“有”非所谓真有者乎？则自其反而言之，又安知吾人之所谓“无”非所谓真无者乎？即真无矣，而使吾人自空乏与满足、希望与恐怖之中出，而获永远息肩之所，不犹愈于世之所谓有者乎！然则吾人之畏无也，与小儿之畏暗黑何以异？自己解脱者观之，安知解脱之后，山川之美，日月之华，不有过于今日之世界者乎？读《飞鸟各投林》之曲，所谓“一片白茫茫大地真干净”者，有欤无欤，吾人且勿问，但立乎今日之人生而观之，彼诚有味乎其言之也。

难者又曰：人苟无生，则宇宙间最可宝贵之美术，不亦废欤？曰：美术之价值，对现在之世界人生而起者，非有绝对的价值也。其材料取诸人生，其理想亦视人生之缺陷逼仄，而趋于其反对之方面。如此之美术，唯于如此之世界、如此之人生中，始有价值耳。今设有人焉，自无始以来，无生死，无苦乐，无人世之罣碍，而唯有永远之知识，则吾人所宝为无上之美术，自彼视之，不过蛙鸣蝉噪而已。何则？美术上之理想，固彼之所自有，而其材料，又彼之所未尝经验故也。又设有人焉，备尝人世之苦痛，而已入于解脱之域，则美术之于彼也，亦无价值。何则？美术之价值，存于使人离生活之欲，而入于纯粹之知识。彼既无生活之欲矣，而复进之以美术，是犹馈壮夫以药石，多见其不知量而已矣。然则超今日之世界人生以外者，于美术之存亡，固自可不必问也。

夫然，故世界之大宗教，如印度之婆罗门教及佛教，希伯来之基督教，皆以解脱为唯一之宗旨。哲学家如古代希腊之柏拉图，近世德意志之叔本华，其最高之理想，亦存于解脱。殊如叔本华之说，由其深邃之知识论、伟大之形而上学出，一扫宗教之神话的面具，而易以名学之论法，其真挚之感情与巧妙之文字，又足以济之，故其说精密确实，非如古代之宗教及哲学说，徒属想像而已。然事不厌其求详，姑以生平可疑者商榷焉。夫由叔氏之哲学说，则一切人类及万物之根本一也。故充叔氏拒绝意志之说，非一切人类及万物各拒绝其生活之意志，则一人之意志，亦不得而拒绝。何则？生活之意志之存于我者，不过其一最小部分，而其大部分之存于一切人类及万物者，皆与我之意志同。而此物我之差别，仅由于吾人知力之形式故，离此知力之形式，而反其根本而观之，则一切人类及万物之意志，皆我之意志也。然则拒绝吾一人之意志，而姝姝自悦曰解脱，是何异决蹄跨之水，而注之沟壑，而曰天下皆得平土而居之哉！佛之言曰："若不尽度众生，誓不成佛。"其言犹若有能之而不欲之意。然自吾人观之，此岂徒能之而不欲哉！将毋欲之而不能也。故如叔本华之言一人之解脱，而未言世界之解脱，实与其意志同一之说，不能两立者也。叔氏于无意识中亦触此疑问，故于其《意志及观念之世界》之第四编之末，力护其说，曰：

> 人之意志，于男女之欲，其发现也为最著。故完全之贞操，乃拒绝意志即解脱之第一步也。夫自然中之法则，固自最确实者。使人人而行此格言，则人类之灭绝，自可立而待。至人类以降之动物，其解脱与堕落，亦当视人类以为准。《吠陀》之经典曰："一切众生之待圣人，如饥儿之望慈父母也。"基督教中亦有此思想。珊列休斯于其《人持一切物归于上帝》之小诗中曰："嗟汝万物灵，有生皆爱汝。总总环汝旁，如儿索母乳。携之适天国，惟汝力是恬！"德意志之神秘学者马斯太·哀赫德亦云："《约翰福音》云，余之离世界也，将引万物而与我俱。基督岂欺我哉！夫善人，固将持万物而归之于上帝，即其所从出之本者也。今夫一切生物，皆为人而造，又各自相为用；牛羊之于水草，鱼之于水，鸟之于空气，野兽之于林莽皆是也。一切生物皆上帝所造，以供善人之用，而善人携之以归上帝。"彼意盖谓人之所以有用动物之权利者，实以能救济之故也。

于佛教之经典中，亦说明此真理。方佛之尚为菩提萨埵也，自王官逸出而入深林时，彼策其马而歌曰："汝久疲于生死兮，今将息此任载。负余躬以退举兮，继今日而无再。苟彼岸其余达矣，余将徘徊以汝待！"（《佛国记》）此之谓也。（英译《意志及观念之世界》第一册第四百九十二页。）

然叔氏之说，徒引据经典，非有理论的根据也。试问释迦示寂以后，基督尸十字架以来，人类及万物之欲生奚若？其痛苦又奚若？吾知其不异于昔也。然则所谓持万物而归之上帝者，其尚有所待欤？抑徒沾沾自喜之说，而不能见诸实事者欤？果如后说，则释迦、基督自身之解脱与否，亦尚在不可知之数也。往者作一律曰：

生平颇忆挈卢敖，东过蓬莱浴海涛。

何处云中闻犬吠，至今湖畔尚乌号。

人间地狱真无间，死后泥洹枉自豪。

终古众生无度日，世尊只合老尘嚣。

何则？小宇宙之解脱，视大宇宙之解脱以为准故也。赫尔德曼人类涅槃之说，所以起而补叔氏之缺点者以此。要之，解脱之足以为伦理学上最高之理想与否，实存于解脱之可能与否。若夫普通之论难，则固如楚楚蜉蝣，不足以撼十围之大树也。

今使解脱之事，终不可能，然一切伦理学上之理想，果皆可能也欤？今夫与此无生主义相反者，生生主义也。夫世界有限，而生人无穷；以无穷之人，生有限之世界，必有不得遂其生者矣。世界之内，有一人不得遂其生者，固生生主义之理想之所不许也。故由生生主义之理想，则欲使世界生活之量，达于极大限，则人人生活之度，不得不达于极小限。盖度与量二者，实为一精密之反比例，所谓最大多数之最大福祉者，亦仅归于伦理学者之梦想而已。夫以极大之生活量，而居于极小之生活度，则生活之意志之拒绝也奚若？此生生主义与无生主义相同之点也。苟无此理想，则世界之内，弱之肉，强之食，一任诸天然之法则耳，奚以伦理为哉？然世人日言生生主义，而此理想之达于何时，则尚在不可知之数。要之，理想者可近而不可即，亦终古不过一理想而已矣。人知无生主义之理想之不可能，而自忘其主义之理想之何若，此则大不可解脱者也。

夫如是，则《红楼梦》之以解脱为理想者，果可菲薄也欤？夫以人生忧患之如彼，而劳苦之如此，苟有血气者，未有不渴慕救济者也，不求之于实行，犹将求之于美术。独《红楼梦》者，同时与吾人以二者之救济。人而自绝于救济则已耳；不然，则对此宇宙之大著述，宜如何企踵而欢迎之也！

## 第五章　余论

自我朝考证之学盛行，而读小说者，亦以考证之眼读之。于是评《红楼梦》者，纷然索此书之主人公之为谁，此又甚不可解者也。夫美术之所写者，非个人之性质，而人类全体之性质也。惟美术之特质，贵具体而不贵抽象。于是举人类全体之性质，置诸个人之名字之下。譬诸"副墨之子""洛诵之孙"，亦随吾人之所好名之而已。善于观物者，能就个人之事实，而发见人类全体之性质；今对人类之全体，而必规规焉求个人以实之，人之知力相越，岂不远哉！故《红楼梦》之主人公，谓之贾宝玉可，谓之

"子虚""乌有"先生可，即谓之纳兰容若，谓之曹雪芹亦无不可也。

综观评此书者之说，约有二种：一谓述他人之事，一谓作者自写其生平也。第一说中，大抵以贾宝玉为即纳兰性德。其说要非无所本。案性德《饮水诗集·别意》六首之三曰：

独拥余香冷不胜，残更数尽思腾腾。今宵便有随风梦，知在红楼第几层？

又《饮水词》中《于中好》一阕云：

别绪如丝睡不成，那堪孤枕梦边城。因听紫塞三更雨，却忆红楼半夜灯。

又《减字木兰花》一阕咏新月云：

莫教星替，守取团圆终必遂。此夜红楼，天上人间一样愁。

"红楼"之字凡三见，而云"梦红楼"者一。又其亡妇忌日作《金缕曲》一阕，其首三句云：

此恨何时已，滴空阶、寒更雨歇，葬花天气。

"葬花"二字，始出于此。然则《饮水集》与《红楼梦》之间，稍有文字之关系，世人以宝玉为即纳兰侍卫者，殆由于此。然诗人与小说家之用语，其偶合者固不少。苟执此例以求《红楼梦》之主人公，吾恐其可以傅合者，断不止容若一人而已。若夫作者之姓名（遍考各书，未见曹雪芹何名）与作书之年月，其为读此书者所当知，似更比主人公之姓名为尤要。顾无一人为之考证者，此则大不可解者也。

至谓《红楼梦》一书，为作者自道其生平者。其说本于此书第一回"竟不如我亲见亲闻的几个女子"一语。信如此说，则唐旦之《天国戏剧》，可谓无独有偶者矣。然所谓亲见亲闻者，亦可自旁观者之口言之，未必躬为剧中之人物。如谓书中种种境界、种种人物，非局中人不能道，则是《水浒传》之作者必为大盗，《三国演义》之作者必为兵家，此又大不然之说也。且此问题，实与美术之渊源之问题相关系。如谓美术上之事，非局中人不能道，则其渊源必全存于经验而后可。夫美术之源，出于先天，抑由于经验，此西洋美学上至大之问题也。叔本华之论此问题也，最为透辟。兹援其说，以结此论。其言（此论本为绘画及雕刻发，然可通之于诗歌、小说）曰：

人类之美之产于自然中者，必由下文解释之，即意志于其客观化之最高级（人类）中，由自己之力与种种之情况，而打胜下级（自然力）之抵抗，以占领其物力。且意志之发现于高等之阶级也，其形式必复杂。即以一树言之，乃无数之细胞，合而成一系统者也。其阶级愈高，其结合愈复。人类之身体，乃最复杂之系统也：各部分各有一特别之生活，其对全体也，则为隶属；其互相对也则为同撩，互相调和以为其全体之说明；不能增也，不能减也。能如此者，则谓之美。此自然中不得多见者也。顾美之于自然中如此，于美术中则何如？或有以美术家为模仿自然者。然彼苟无美之预想存于经验之前，则安从取自然中完全之物而模仿之，又以之与不完全者相区别哉？且自然亦安得时时生一人焉，于其各部分皆完全无缺哉？或又谓美术家必先于人之肢体中，观美丽之各部分，而由之以构成美丽之全体。此又大愚不灵之说也。即令如此，彼又何自知美丽之在此部分而非彼部分哉？故美之知识，断非自经验的得之，即非后天的而常为先天的；即不然，亦必其一部分常为先天的也。吾人观于人类之美后，始认其美；但在真正之美术家，其认识之也，极其明速之度，而其表出之也，胜乎自然之为。此由吾人之自身即意志，而于此所判断及发见者，乃意志于最高级之完全之客观化也。唯如是，吾人斯得有美之预想。而在真正之天才，于美之预想外，更伴以非常之巧力。彼于特别之物中，认全体之理想，遂解自然之嗫嚅之言语而代言之，即以自然所百计而不能产出之美，现之于绘画及雕刻中，而若语自然曰："此即汝之所欲言而不得者也。"苟有判断之能力者，必将应之曰："是。"唯如是，故希腊之天才，能发见人类之美之形式，而永为万世雕刻家之模范。唯如是，故吾人对自然于特别之境遇中所偶然成功者，而得认其美。此美之预想，乃自先天中所知者，即理想的也，比其现于美术也，则为实际的。何则？此与后天中所与之自然物相合故也。如此，美术家先天中有美之预想，而批评家于后天中认识之，此由美术家及批评家，乃自然之自身之一部，而意志于此客观化者也。衰姆攀独克尔曰："同者唯同者知之。"故唯自然能知自然，唯自然能言自然，则美术家有自然之美之预想，固自不足怪也。

芝诺芬述苏格拉底之言曰："希腊人之发见人类之美之理想也，由于经验，即集合种种美丽之部分，而于此发见一膝，于彼发见一臂。"此大谬之说也。不幸而此说蔓延于诗歌中。即以狭斯丕尔言之，谓其戏曲中所描写之种种之人物，乃其一生之经验中所观察者，而极其全力以模写之者也。然诗人由人性之预想而作戏曲小说，与美术家之由美之预想而作绘画及雕刻无以异。唯两者于其创造之途中，必须有经验以为之补助。夫然，故其先天中所已知者，得唤起而入于明晰之意识，而后表出之事，乃可得而能也。（叔氏《意志及观念之世界》第一册第二百八十五页至八十九页。）

由此观之，则谓《红楼梦》中所有种种之人物、种种之境遇，必本于作者之经验，则雕刻与绘画家之写人之美也，必此取一膝、彼取一臂而后可。其是与非，不待知者而决矣。读者苟玩前数章之说，而知《红楼梦》之精神，与其美学、伦理学上之价值，则此种议论，自可不生。苟如美术之大有造于人生，而《红楼梦》自足为我国美术上之唯一大著述，则其作者之姓名与其著书之年月，固当为唯一考证之题目。而我国人之所聚讼者，乃不在此而在彼；此足以见吾国人之对此书之兴味之所在，自在彼而不在此也。故为破其惑如此。

# 屈子文学之精神

我国春秋以前，道德政治上之思想，可分之为二派：一帝王派，一非帝王派。前者称道尧、舜、禹、汤、文、武，后者则称其学出于上古之隐君子，（如庄周所称广成子之类。）或托之于上古之帝王。前者近古学派，后者远古学派也。前者贵族派，后者平民派也。前者入世派，后者遁世派（非真遁世派，知其主义之终不能行于世，而遁焉者也。）也。前者热情派，后者冷性派也。前者国家派，后者个人派也。前者大成于孔子、墨子，而后者大成于老子。（老子，楚人，在孔子后，与孔子问礼之老聃系二人，说汪见容甫《述学·老子考异》。）故前者北方派，后者南方派也。此二派者，其主义常相反对，而不能相调和。观孔子与接舆、长沮、桀溺、荷蓧丈人之关系，可知之矣。战国后之诸学派，无不直接出于此二派，或出于混合此二派。故虽谓吾国固有之思想，不外此二者，可也。

夫然，故吾国之文学，亦不外发表二种之思想。然南方学派则仅有散文的文学，如老子、庄、列是已。至诗歌的文学，则为北方学派之所专有。《诗》三百篇，大抵表北方学派之思想者也。虽其中如《考槃》《衡门》等篇，略近南方之思想。然北方学者所谓"用之则行，舍之则藏""有道则见，无道则隐"者，亦岂有异于是哉？故此等谓之南北公共之思想则可，必非南方思想之特质也。然则诗歌的文学，所以独出于北方之学派中者，又何故乎？

诗歌者，描写人生者也。（用德国大诗人希尔列尔之定义。）此定义未免太狭。今更广之曰"描写自然及人生"，可乎？然人类之兴味，实先人生，而后自然。故纯粹之模山范水、流连光景之作，自建安以前，殆未之见。而诗歌之题目，皆以描写自己之感情为主。其写景物也，亦必以自己深邃之感情为之素地，而始得于特别之境遇中，用特别之眼观之。故古代之诗，所描写者，特人生之主观的方面；而对于人生之客观的方面，及纯处于客观界之自然，断不能以全力注之也。故对古代之诗，前之定义宁苦其广，而不苦其隘也。

诗之为道，既以描写人生为事，而人生者，非孤立之生活，而在家族、国家及社会中之生活也。北方派之理想，置于当日之社会中；南方派之理想，则树于当日之社会外。易言以明之，北方派之理想，在改作旧社会；南方派之理想，在创造新社会。然改作与创造，皆当日之社会之所不许也。南方之人，以长于思辩，而短于实行，故知实践之不可能，而即于其理想中，求其安慰之地，故有遁世无闷，嚣然自得以没齿者矣。若北方之人，则往往以坚忍之志，强毅之气，恃其改作之理想，以与当日之社会争；而社会之仇视之也，亦与其仇视南方学者无异，或有甚焉。故彼之视社会也，一时以为寇，一时以为亲，如此循环，而遂生欧穆亚（Humour）之人生观。《小雅》中之杰作，皆此种竞争之产物也。且北方之人，不为离世绝俗之举，而日周旋于君臣、父子、夫妇之间，此等在在畀以诗歌之题目，与以作诗之动机。此诗歌的文学，所以独产于北方学派中，而无与于南方学派者也。

然南方文学中，又非无诗歌的原质也。南人想象力之伟大丰富，胜于北人远甚。彼等巧于比类，而善于滑稽，故言大则有若北溟之鱼，语小则有若蜗角之国；语久则大椿冥灵，语短则蟪蛄朝菌。至于襄城之野，七圣皆迷；汾水之阳，四子独往；此种想象，决不能于北方文学中发见之。故《庄》《列》书中之某部分，即谓之散文诗，无不可也。夫儿童想象力之活泼，此人人公认之事实也。国民文化发达之初期亦然，古代印度及希腊之壮丽之神话，皆此等想象之产物。以我中国论，则南方之文化发达较后于北方，则南人之富于想象，亦自然之势也。此南方文学中之诗歌的特质之优于北方文学者也。

由此观之，北方人之感情，诗歌的也，以不得想象之助，故其所作遂止于小篇。南方人之想象，亦诗歌的也，以无深邃之感情之后援，故其想象亦散漫而无所丽，是以无纯粹之诗歌。而大诗歌之出，必须俟北方人之感情，与南方之想象合而为一，即必通南北之驿骑而后可，斯即屈子其人也。

屈子南人而学北方之学者也。南方学派之思想，本与当时封建贵族之制度，不能相容。故虽南方之贵族，亦常奉北方之思想焉。观屈子之文，可以征之。其所称之圣王，则有若高辛、尧、舜、禹、汤、少康、武丁、文、武，贤人则有若皋陶、挚、说、彭、咸、（谓彭祖、巫咸，商之贤臣也，与"巫咸将夕降兮"之巫咸，自是二人，列子所谓郑有神巫，名季咸者也。）比干、伯夷、吕望、宁戚、百里、介推、子胥，暴君则有若夏启、羿、浞、桀、纣，皆北方学者之所常称道，而于南方学者所称黄帝、广成等不一及焉。虽《远游》一篇，似专述南方之思想，然此实屈子愤激之词，如孔子之居夷浮海，非其志也。《离骚》之卒章，其旨亦与《远游》同。然卒曰："陟升皇之赫戏兮，忽临睨夫旧乡。仆人悲余马怀兮，蜷局顾而不行。"《九章》中之《怀沙》，乃其绝笔，然犹称重华、汤、禹，足知屈子固彻头彻尾抱北方之思想，虽欲为南方之学者，而终有所不慊者也。

屈子之自赞曰"廉贞"。余谓屈子之性格，此二字尽之矣。其廉固南方学者之所优为，其贞则其所不屑为，亦不能为者也。女嬃之詈，巫咸之占，渔父之歌，皆代表南方学者之思想，然皆不足以动屈子。而知屈子者，唯詹尹一人。盖屈子之于楚，亲则肺腑，尊则大夫，又尝管内政外交上之大事矣，其于国家既同累世之休戚，其于怀王又有一日之知遇，一疏再放而终不能易其志，于是其性格与境遇相待，而使之成一种欧穆亚。《离骚》以下诸作，实此欧穆亚所发表者也。使南方之学者处此，则贾谊（《吊屈原文》）、扬雄（《反离骚》）是而屈子非矣。此屈子之文学，所负于北方学派者。然就屈子文学之形式言之，则所负于南方学派者，抑又不少。彼之丰富之想象力，实与庄、列为近。《天问》《远游》凿空之谈，求女谬悠之语，庄语之不足，而继之以谐，于是思想之游戏，更为自由矣。变《三百篇》之体，而为长句，变短什而为长篇，于是感情之发表，更为婉转矣。此皆古代北方文学之所未有，而其端自屈子开之。然所以驱使想象而成此大文学者，实由其北方之肫挚的性格。此庄周等之所以仅为哲学家，而周、秦间之大诗人，不能不独数屈子也。

要之，诗歌者，感情的产物也。虽其中之想象的原质（即知力的原质），亦须有肫挚之感情，为之素地，而后此原质乃显。故诗歌者实北方文学之产物，而非儇薄冷淡之夫所能托也。观后世之诗人，若渊明，若子美，无非受北方学派之影响者。岂独一屈子然哉！岂独一屈子然哉！

# 古雅之在美学上之位置

　　"美术者天才之制作也。"此自汗德以来百余年间学者之定论也。然天下之物，有决非真正之美术品，而又决非利用品者。又其制作之人，决非必为天才，而吾人之视之也，若与天才所制作之美术无异者。无以名之，名之曰"古雅"。

　　欲知古雅之性质，不可不知美之普遍之性质。美之性质，一言以蔽之曰：可爱玩而不可利用者是已。虽物之美者，有时亦足供吾人之利用，但人之视为美时，决不计及其可利用之点。其性质如是，故其价值亦存于美之自身，而不存乎其外。而美学上之区别美也，大率分为二种：曰优美，曰宏壮。自巴克及汗德之书出，学者殆视此为精密之分类矣。至古今学者对优美及宏壮之解释，各由其哲学系统之差别而各不同。要而言之，则前者由一对象之形式不关于吾人之利害，遂使吾人忘利害之念，而以精神之全力沉浸于此对象之形式中。自然及艺术中普通之美，皆此类也。后者则由一对象之形式，越乎吾人知力所能驭之范围，或其形式大不利于吾人，而又觉其非人力所能抗，于是吾人保存自己之本能，遂超乎利害之观念外，而达观其对象之形式。如自然中之高山、大川、烈风、雷雨，艺术中伟大之宫室、悲惨之雕刻象、历史画、戏曲、小说等皆是也。此二者，其可爱玩而不可利用也同，若夫所谓古雅者则何如？

一切之美，皆形式之美也。就美之自身言之，则一切优美皆存于形式之对称变化及调和。至宏壮之对象，汗德虽谓之无形式，然以此种无形式之形式能唤起宏壮之情，故谓之形式之一种，无不可也。就美术之种类言之，则建筑、雕刻、音乐之美之存于形式，固不俟论，即图画、诗歌之美之兼存于材质之意义者，亦以此等材质适于唤起美情故，故亦得视为一种之形式焉。释迦与玛利亚庄严圆满之相，吾人亦得离其材质之意义，而感无限之快乐，生无限之钦仰。戏曲小说之主人翁及其境遇，对文章之方面而言，则为材质；然对吾人之感情言之，则此等材质又为唤起美情之最适之形式。故除吾人之感情外，凡属于美之对象者，皆形式而非材质也。而一切形式之美，又不可无他形式以表之，惟经过此第二之形式，斯美者愈增其美，而吾人之所谓古雅，即此种第二之形式。即形式之无优美与宏壮之属性者，亦因此第二形式故，而得一种独立之价值，故古雅者，可谓之形式之美之形式之美也。

夫然，故古雅之致存于艺术而不存于自然。以自然但经过第一之形式，而艺术则必就自然中固有之某形式，或所自创造之新形式，而以第二形式表出之。即同一形式也，其表之也各不同。同一曲也，而奏之者各异；同一雕刻绘画也，而真本与摹本大殊；诗歌亦然。"夜阑更秉烛，相对如梦寐"（杜甫《羌村》诗）之于"今宵剩把银釭照，犹恐相逢是梦中"（晏几道《鹧鸪天》词），"愿言思伯，甘心首疾"（《诗经·卫风·伯兮》）之于"衣带渐宽终不悔，为伊消得人憔悴"（欧阳修《蝶恋花》词），其第一形式同。而前者温厚，后者刻露者，其第二形式异也。一切艺术无不皆然，于是有所谓雅俗之区别起。优美与宏壮必与古雅合，然后得其固有之价值。不过优美及宏壮之原质愈显，则古雅之原质愈蔽。然吾人所以感如此之美且壮者，实以表出之之雅故，即以其美之第一形式，更以雅之第二形式表出之故也。

虽第一形式之本不美者，得由其第二形式之美（雅）而得一种独立之价值。茅茨土阶与夫自然中寻常琐屑之景物，以吾人之肉眼观之，举无足与优美若宏壮之数，然一经艺术家（绘画，若诗歌）之手，而遂觉有不可言之趣味。此等趣味，不自第一形式得之，而自第二形式得之，无疑也。绘画中之布置，属于第一形式，而使笔使墨，则属于第二形式。凡以笔墨见赏于吾人者，实赏其第二之形式也。此以低度之美术（如书法等）为尤甚。三代之钟鼎，秦汉之摹印，汉、魏、六朝、唐、宋之碑帖，宋元之书籍等，其美之大部，实存于第二形式。吾人爱石刻不如爱真迹，又其于石刻中爱翻刻不如爱原刻，亦以此也。凡吾人所加于雕刻书画之品评，曰神、曰韵、曰气、曰味，皆就第二形式言之者多，而就第一形式言之者少。文学亦然，古雅之价值大抵存于第二形式。西汉之匡（衡）、刘（向），东京之崔（瑗）、蔡（邕），其文之优美宏壮，远在贾、马、班、张之下，而吾人之嗜之也，亦无逊于彼者，以雅故也。南丰（曾巩）之于文，不必工于苏、王，姜夔之于词，且远逊于欧、秦，而后人亦嗜之者，以雅故也。由是观之，则古雅之原质，为优美及宏壮中不可或缺之原质，且得离优美宏壮而有独立之价值，则固一不可诬之事实也。然古雅之性质，有与优美及宏壮异者。古雅之但存于艺术而不存于自然，即如上文所论矣，至判断古雅之力，亦与判断优美与宏壮之力不同。后者先天的，前者后天的、经验的也。优美及宏壮之判断之为先天的判断，自汗德之《判断力批评》后，殆无反对之者。此等判断既为先天的，故亦普遍的、必然的也。易言以明之，即一艺术家所视为美者，一切艺术家亦必视为美。此汗德所以于其美学中，预想一公共之感官者也。若古雅之判断则不然，由时之不同而人之判断之也各异。吾人所断为古雅者，实由吾人今日之位置断之。古代之遗物无不雅于近世之制作，古代之文学虽至拙劣，自吾人读之，无不古雅者。若自古人之眼观之，殆不然矣。故古雅之判断，后天的也，经验的也。故亦特别的也，偶然的也。此由古代表出第一形式之道与近世大异，故吾人睹其遗迹，不觉有遗世之感随之，然在当日则不能。若优美及宏壮，则固无此时间上之限制也。

古雅之性质既不存于自然，而其判断亦但由于经验，于是艺术中古雅之部分，不必尽俟天才，而亦得以人力致之。苟其人格诚高，学问诚博，则虽无艺术上之天才者，其制作亦不失为古雅。而其观艺术也，虽不能喻其优美及宏壮之部分，犹能喻其古雅之部分。若夫优美及宏壮，则非天才殆不能捕撄之而表出之。今古第三流以下之艺术家，大抵能雅而不能美且壮者，职是故也。以绘画论，则有若国朝之王翚，彼固无艺术上之天才，但以用力甚深之故，故摹古则优，而自运则劣，则岂不以其舍其所长之古雅，而欲以优美宏壮与人争胜也哉！以文学论，则除前所述匡、刘诸人外，若宋之山谷，明之青邱、历下，国朝之新城等，其去文学上之天才盖远，徒以有文学上之修养，故其所作遂带一种典雅之性质。而后之无艺术上之天才者，亦以其典雅故，遂与第一流之文学家等类而观之，然其制作之负于天分者十之二三，而负于人力者十之七八，则固不难分析而得之也。又虽真正之天才，其制作非必皆神来兴到之作也。以文学论，则虽最优美最宏壮之文学中，往往书有陪衬之篇，篇有陪衬之章，章有陪衬之句，句有陪衬之字。一切艺术，莫不如是。此等神兴枯涸之处，非以古雅弥缝之不可。而此等古雅之部分，又非藉修养之力不可。若优美与宏壮，则固非修养之所能为力也。

然则古雅之价值，遂远出优美及宏壮下乎？曰：不然。可爱玩而不可利用者，一切美术品之公性也。优美与宏壮然，古雅亦然。而以吾人之玩其物也，无关于利用故，遂使吾人超出乎利害之范围外，而怡恍于缥缈宁静之域。优美之形式，使人心和平；古雅之形式，使人心休息，故亦可谓之低度之优美。宏壮之形式常以不可抵抗之势力唤起人钦仰之情，古雅之形式则以不习于世俗之耳目故，而唤起一种之惊讶。惊讶者，钦仰之情之初步，故虽谓古雅为低度之宏壮，亦无不可也。故古雅之位置，可谓在优美与宏壮之间，而兼有此二者之性质也。至论其实践之方面，则以古雅之能力，能由修养而得之，故可为美育普及之津梁。虽中智以下之人，不能创造优美及宏壮之物者，亦得由修养而有古雅之创造力。又虽不能喻优美及宏壮之价值者，亦得于优美宏壮中之古雅之原质，或于古雅之制作物中得其直接之慰藉。故古雅之价值，自美学上观之，诚不能及优美及宏壮，然自其教育众庶之效言之，则虽谓其范围较大、成效较著可也。因美学上尚未有专论古雅者，故略述其性质及位置如上。篇首之疑问，庶得由是而说明之欤。

# 敦煌发见唐朝之通俗诗及通俗小说

敦煌唐写本书籍，为英国斯坦因博士携归伦敦者，有韦庄《秦妇吟》一卷，前后残阙，尚近千字。此诗，韦庄《浣花集》十卷中不载，唐写本亦无书题及撰人姓名。然孙光宪《北梦琐言》，谓蜀相韦庄应举时，遇黄"寇"犯阙，著《秦妇吟》一篇，云"内库烧为锦绣灰，天街踏尽公卿骨"，今敦煌残卷中有此二句，其为韦庄诗审矣。诗为长庆体，叙述黄巢"焚掠"，借陷"贼"妇人口中述之，极沉痛详尽，其词复明浅易解，故当时人人喜诵之，至制为障子。《北梦琐言》谓庄贵后讳此诗为己作，至撰家戒，不许垂《秦妇吟》障子，则其风行一时可知矣。其诗曰：

（上阙）南邻走入北邻藏，东邻走向西邻避。北邻诸妇咸相凑，户外崩腾如走兽。轰轰崐崐乾坤动，万马雷声从地涌；火逬金星上九天，十二官街烟烘炯。日轮西下寒光白，上帝无言空脉脉。阴云羃气若重围，□者流星如血色。紫气渐随帝座移，妖光暗射□星拆。家家流血如泉沸，处处冤声声动地。舞伎歌姬尽黯捐，婴儿稚女皆生弃。东邻有女眉新画，倾国倾城不知价；长戈拥得上戎车，回首香闺泪盈把。

旋抽金线学缝旗，才上雕鞍教走马；有时马上见良人，不敢回眸空泪下。西邻有女真仙子，一寸横波剪秋水，妆成只对镜中春，年幼不知门外事；一夫跳跃上金阶，斜袒半臂欲相耻；牵衣不肯出朱门，红粉香脂刀下死。南邻有女不记姓，昨日良媒新纳聘，琉璃阶上不闻声，翡翠帘前空见影；忽看庭际刀刃鸣，身首支离在俄顷；仰天掩面哭一声，女弟女兄同入井。北邻少妇行相促，旋解云鬟拭眉绿，已闻击托坏高门，不觉攀缘上重屋，须臾四门火光来，欲下危梯梯又摧，烟中大叫犹求救，梁上悬尸已作灰。妾身幸得全刀锯，不敢踟蹰久回顾，旋梳蝉鬓逐军行，强展蛾眉出门去。旧里从兹不得归，六亲自此无寻处。一从陷贼经三岁，终日忧惊心胆碎；夜卧千重剑戟围，朝餐一味人肝脍。鸳帏纵入岂成欢，宝货虽多非所爱。蓬头面垢眉犹赤，几转横波看不得。衣裳颠倒语言异，面上夸功雕作字。柏台多半是狐精，兰省诸郎皆鼠魅。还将短发戴华簪，不脱朝衣缠绣被。翻持象笏作三公，倒佩金鱼为两史。朝闻奏对入朝堂，暮见喧呼来酒市。一朝五鼓人惊起，声啸喧争如窃议。夜来探马入皇城，昨日官军收赤水。赤水去城一百里，朝若来兮暮应至。凶徒马上暗吞声，女伴闺中潜色喜；皆言冤愤此时销，必谓妖徒今日死。逡巡走马传声急，又道军前全阵入；大彭小彭相顾忧，二郎四郎抱鞍泣。泛泛数日无消息，必谓军前已衔璧，簸旗掉剑却来归，又道官军悉败绩。四面从兹多厄束，一斗黄金一斗粟；尚让厨中食木皮，黄巢机上刲人肉。东南断绝无粮道，沟壑渐平人渐少；六军门外倚僵尸，七架营中填饿殍。

长安寂寂今何有，废市荒街麦苗秀；采樵斫尽杏园花，修寨诛残御沟柳，华轩绣毂皆销散，甲第朱门无一半；含元殿上狐兔行，花萼楼前荆棘满。昔时繁盛皆埋没，举目凄凉无故物；内库烧为锦绣灰，天街踏尽公卿骨。来时晓出城东陌，城上风烟如塞色。路旁时见游奕军，坡下寂无迎送客。霸陵东望人烟绝，树锁鹏山金翠灭。大道俱成棘子林，行人夜宿长□月。明朝晓至三山路，百万人家无一户；破落田园但有蒿，摧残竹树皆无主。路旁试问金天神，金天无语愁于人；庙前古柏有残枒，殿上金炉生暗尘。一从狂寇陷中国，天地晦冥风雨黑；案前神水呪不成，壁上阴兵驱不得。闲日徒歆□乡思，危时不助神通力；我今愧恧拙为神，且向山中深壁匿。寰中萧管不曾闻，筵上牺牲无处觅。旋教魔。（下阙。）

此诗前后皆阙，尚存九百六十余字，当为晚唐诗中最长者。又才气俊发，自非才人不能作，惟语取易解，有类俳优，故其弟蔼编《浣花集》时，不以入集。不谓千百年后，乃于荒微中发见之。当时敦煌写有数本，此藏于英伦者如此。《巴黎国民图书馆书目》有"《秦妇吟》一卷，右补阙韦庄撰"，既有书名及撰人姓名，当较此为完好，他日当访求之也。

伦敦博物馆有《季布歌》，前后皆阙，尚存三千余字，纪汉季布亡命事，以七言韵语述之，语更浅俗，似后世七字唱本。又有《孝子董永传》，亦系七言，其词略曰："人生在世审思量，暂□□□有何妨。大众志心须静听，先须孝顺阿爷娘。好事恶事皆钞录，善恶童子每钞将。孝感先贤说董永，年登十五二亲亡；自叹福薄无兄弟，夜中流泪每千行。为缘多生□姊妹，亦无知识及亲房。家里贫穷无钱物，所买当身殡爷娘"云云。实当时所作劝善诗之一种，江右某氏所藏敦煌书中，有《目连救母》《李陵降虏》二种，则纯粹七字唱本云。

伦敦博物馆又藏唐人小说一种，全用俗语，为宋以后通俗小说之祖。其书亦前后皆阙，仅存中间一段云：

> 判官慄恶，不敢道名字。帝曰："卿近前来，轻道，姓崔名子玉，朕当识。"言讫，使人引皇帝至院门。使人奏曰："伏维陛下，且立在此，容臣入报判官速来。"言讫，使者到厅前拜了，启判官："奉大王处太宗是生魂到领，判官推勘，见在门外，未敢引。"判官闻言，惊忙起立。（下阙。）

此小说记唐太宗入冥事，今传世《西游演义》中有之。《太平广记》引唐张鷟《朝野佥载》，已有此事，但未著判官姓名云：

> 唐太宗极康豫，太史今李淳风见上，流泪无言。上问之。对曰："陛下夕当晏驾。"太宗曰："人生有命，亦何忧也。"留淳风宿，太宗至夜半奄然入定，见一人云："陛下暂合来还，即去也。"帝问："君是何人？"对曰："臣是生人判冥事。"太宗入见判官，问六月四日事（即太宗杀太子建成齐王元吉之日），即令还。向见者又迎送引导出。淳风即观乾象，不许哭泣。须臾乃窹，至曙，求昨所见者，令所司与一官，遂注蜀道一丞。

近代郑姡撰《崔府君祠录》，引《滏阳神异录》一事，与《佥载》同，且以冥判为崔府君。曰：

> 一日，府君忽奉东岳圣帝旨，敕断隐巢等狱。府君今二青衣引太宗至。时魏徵已卒，迎太宗属曰："隐巢等冤诉，

不可与辨，帝功大，但称述，神必祐也。"帝颔之，及对质，帝惟以功上陈，不与辨。府君判曰："帝治世安民之功甚伟。"（中略）敕二青衣送帝回，隐巢等惶恐去。帝行，复与府君别。府君曰："毋泄也。"后帝今传府君像，与判狱神无异云云。

今观唐人所撰小说，已云冥判姓崔名子玉。故宋仁宗景祐二年，加崔府君封号诏，有"惠存滏邑，恩结蒲人，生著令猷，没司幽府"等语。可见传世杂说，其所由来远矣。又伦敦所藏尚有伍员入吴小说，亦用俗语，与太宗入冥小说同。

唐代不独有俗体诗文，即所著书籍，亦有平浅易解者，如《太公家教》是也。《太公家教》一书，见于李习之文集，至与文中子《中说》并称。宋王明清《玉照新志》亦称其书。顾世久无传本，近世敦煌所出凡数本，英法图书馆皆有之。上虞罗氏亦藏一本。观其书多用俗语，而文极芜杂无次序，盖唐时乡学究之所作也。其首数行，自叙作书缘起云："□□□□代长值危时，望（亡之讹）乡失土，波迸流离。只欲隐山居住，不能忍冻受饥；只欲扬名后代，复无晏婴之机。才轻德薄，不堪人师，徒消人食，浪费人衣。随缘信业，且逐时之随。辄以讨其坟典，简择《诗》《书》，依经傍史，约礼时宜，为书一卷，助幼童儿"云云。则其作书之人与作书之旨，均可知矣。书全用韵语，多集当时俗谚格言，有至今尚在人口者。辄举其要者如左：

得人一牛，还人一马，往而不来，非成礼也。知恩报恩，风流儒雅。

一日为师，终身为父；一日为君，终身为主。

他篱莫越，他事莫知，他贫莫笑，他病莫欺，他财莫取，他色莫侵，他疆莫触，他弱莫欺，他弓莫挽，他马莫骑；弓折马死，偿他无疑。

罗网之鸟，悔不高飞；吞钩之鱼，悔不忍饥。

男年长大，莫听好酒；女年长大，莫听游走。

含血噀人，先污其口；十言九中，不语者胜。

款客不贫，古今实语。

近朱者赤，近墨者黑；蓬生麻中，不扶自直。

凡人不可貌相，海水不可斗量。

勤是无价之宝，学是明月之珠。积财千万，不如明解一经；良田千顷，不如薄艺随躯。

香饵之下，必有悬钩之鱼；重赏之家，必有勇夫。

以上诸条，或见古书，或尚存于今日俗语中。张淏《云谷杂记》谓杜荀鹤《唐风集》中诗极低下，如"要知前路事，不及在家时""不觉裹头成大汉，初看骑马作儿童"，前辈方之《太公家教》。是唐人用此种文体，惟有《太公家教》一书，故独举唐此以比杜荀鹤诗，当时亦甚轻视之，观其所就，决不能与唐人他种文学比矣。

敦煌所出《春秋后语》，卷纸背有唐人词三首，其二为《西江月》。其词云：

天上月，遥望似一团银；夜久更阑风渐紧；为（原作以）奴吹却月边云，照见负（原作附）心人。

五梁台上月，一片玉无瑕（原作暇）；迤逦（原作以里）看归西海去，横云出来不敢遮，嵯嵚绕天涯。

又有《菩萨蛮》一首云：

自从宇内光戈载，狼烟处处熏天黑；早晚竖金鸡，休磨战马蹄。淼淼三江水，半是离人泪；老尚逐今财，问龙门何日开。

又伦敦博物馆藏唐人书写《云谣集杂曲子》共三十首，中有《凤归云》二首。其一云：

征夫数岁，萍寄他邦。去便无消息，累换星霜。月下愁听砧杵，拟塞雁行。孤眠鸾帐里，枉劳魂梦，夜夜飞扬。想君薄行，更不思量。谁为传书，与妾表衷肠？倚牖无言垂血泪，暗祝三光。万般无那处，一炉香尽，又更添香。

其二云：

怨绿窗独坐，修得为君书。征衣裁缝了，远寄边虞；想得为君贪苦战，不惮驰驱。终朝沙碛里口，凭三尺勇战奸愚。岂知红粉泪如珠？枉把金钗卜，卦口皆虚。魂梦天涯无暂歇，枕上长嘘待公卿回，故日容颜憔悴，彼此何如。

又有《天仙子》一首云：

燕语莺啼三月半，烟蘸柳条金线乱。五陵原上有仙娥，携歌扇，香烂漫，留住九华云一片。犀玉满头花满面，负妾一双偷泪眼。泪珠若得似真珠，拈不散，知何限，串向红丝应百万。

此一首，情词宛转深刻，不让温飞卿、韦端已，当是文人之笔。其余诸章，语颇质俚，殆皆当时歌唱脚本也。

173

# 最近二三十年中中国新发见之学问

　　古来新学问起，大都由于新发见。有孔子壁中书出，而后有汉以来古文家之学；有赵宋古器出，而后有宋以来古器物、古文字之学。惟晋时汲冢竹简出土后，即继以永嘉之乱，故其结果不甚著。然同时杜元凯注《左传》，稍后郭璞注《山海经》，已用其说；而《纪年》所记禹、益、伊尹事，至今成为历史上之问题。然则中国纸上之学问赖于地下之学问者，固不自今日始矣。自汉以来，中国学问上之最大发现有三：一为孔子壁中书；二为汲冢书；三则今之殷虚甲骨文字，敦煌塞上及西域各处之汉晋木简，敦煌千佛洞之六朝及唐人写本书卷，内阁大库之元明以来书籍档册。此四者之一已足当孔壁、汲冢所出，而各地零星发见之金石书籍，于学术有大关系者，尚不与焉。故今日之时代可谓之"发见时代"，自来未有能比者也。今将此二三十年发见之材料，并学者研究之结果，分五项说之。

## 一、殷虚甲骨文字

　　此殷代卜时命龟之辞，刊于龟甲及牛骨上。光绪戊戌己亥间，始出于河南彰德府西北五里之小屯。其地在洹水之南，水三面环之。《史记·项羽本纪》所谓"洹水南，殷虚上"者也。初出土后，潍县估人得其数片，以售之福山王文敏（懿荣）。文敏命秘其事，一时所出，先后皆归之。庚子，文敏殉难，其所藏皆归丹徒刘铁云（鹗）。铁云复命估人搜之河南，所藏至三四千片。光绪壬寅，刘氏选千余片影印传世，所谓《铁云藏龟》是也。丙午，上虞罗叔言参事始官京师，复令估人大搜之，于是丙丁以后所出，多归罗氏。自丙午至辛亥，所得约二三万片。而彰德长老会牧师明义士（T. M. Menzies）所得亦五六千片。其余散在各家者尚近万片。近十年中乃不复出。

其著录此类文字之书，则《铁云藏龟》外，有罗氏之《殷虚书契前编》《殷虚书契后编》《殷虚书契菁华》《铁云藏龟之余》，日本林泰辅博士之《龟甲兽骨文字》，明义士之《殷虚卜辞》（*The Oracle Records of the Waste of Yin*），哈同氏之《戬寿堂所藏殷虚文字》，凡八种。而研究其文字者，则瑞安孙仲容比部始于光绪甲辰撰《契文举例》。罗氏于宣统庚戌撰《殷商贞卜文字考》，嗣撰《殷虚书契考释》《殷虚书契待问编》等。商承祚氏之《殷虚文字类编》，复取材于罗氏改定之稿。而《戬寿堂所藏殷虚文字》，余亦有考释。此外，孙氏之《名原》亦颇审释甲骨文字，然与其《契文举例》皆仅据《铁云藏龟》为之，故其说不无武断。审释文字自以罗氏为第一，其考定小屯之为故殷虚，及审释殷帝王名号，皆由罗氏发之。余复据此种材料作《殷卜辞中所见先公先王考》，以证《世本》《史记》之为实录；作《殷周制度论》以比较二代之文化。然此学中所可研究发明之处尚多，不能不有待于后此之努力也。

## 二、敦煌塞上及西域各地之简牍

汉人木简，宋徽宗时已于陕右发见之，靖康之祸，为金人索之而去。当光绪中叶，英印度政府所派遣之匈牙利人斯坦因博士（M. Aurel Stein），访古于我和阗（Khotan），于尼雅河下流废址，得魏晋间人所书木简数十枚。嗣于光绪季年，先后于罗布淖尔东北故城，得晋初人书木简百余枚，于敦煌汉长城故址得两汉人所书木简数百枚，皆经法人沙畹教授（Ed. Chavannes）考释。其第一次所得，印于斯氏《和阗故迹》（*Sand-buried Ruins of Khotan*）中。第二次所得，别为专书，于癸丑甲寅间出版。此项木简中有古书、历日、方书，而其大半皆屯戍簿录，于史地二学关系极大。癸丑冬日，沙畹教授寄其校订未印成之本于罗叔言参事，罗氏与余重加考订，并斯氏在和阗所得者景印行世，所谓《流沙坠简》是也。

## 三、敦煌千佛洞之六朝唐人所书卷轴

汉晋牍简，斯氏均由人工发掘得之，然同时又有无尽之宝藏于无意中出世，而为斯氏及法国之伯希和教授携去大半者，则千佛洞之六朝及唐五代宋初人所书之卷子本是也。千佛洞本为佛寺，今为道士所居。当光绪中叶，道观壁坏，始发见古代藏书之窟室。其中书籍居大半，而画幅及佛家所用幡幢等亦杂其中。余见溧阳端氏所藏敦煌出开宝八年灵修寺尼画观音像，乃光绪己亥所得。又，乌程蒋氏所藏沙州曹氏二画像，乃光绪甲辰以前叶鞠裳学使（昌炽）视学甘肃时所收。然中州人皆不知。至光绪丁未，斯坦因氏与伯希和氏（Paul Pelliot）先后至敦煌，各得六朝人及唐人所写卷子本书数千卷，及古梵文、古波斯文及突厥、回鹘诸国文字无算。我国人始稍稍知之，乃取其余约万卷，置诸学部所立之京师图书馆。前后复经盗窃，散归私家者亦当不下数千卷。其中佛典居百分之九五。其四部书为我国宋以后所久佚者："经"部有未改字《古文尚书·孔氏传》、未改字《尚书释文》、糜信《春秋谷梁传解释》、《〈论语〉郑氏注》、陆法言《切韵》等；"史"部则有孔衍《春秋后语》、唐西州沙州诸图经、慧超《往五天竺国传》等（以上并在法国）；"子"部则有《老子化胡经》《摩尼教经》《景教经》；"集"部有唐人词曲及通俗诗、小说各若干种。

己酉冬日，上虞罗氏就伯氏所寄影本为《敦煌石室遗书》，排印行世。越一年，复印其景本为《石室秘宝》十五种。又五年癸丑，复刊行《鸣沙石室逸书》十八种。又五年戊午，刊行《鸣沙石室古籍丛残》三十种，皆巴黎国民图书馆之物。而英伦所藏，则武进董授经（康）、日本狩野博士（直喜）、羽田博士（亨）、内藤博士（虎次郎），虽各抄录景照若干种，然未有出版之日也。

## 四、内阁大库之书籍档案

内阁大库在旧内阁衙门之东，临东华门内通路，素为典籍厅所掌。其所藏，书籍居十之三，档案居十之七。其书籍多明文渊阁之遗，其档案则有历朝政府所奉之硃谕、臣工缴进之勅谕、批折、黄本、题本、奏本、外藩属国之表章、历科殿试之大卷。宣统元年，大库屋坏，有司缮完，乃暂移于文华殿之两庑，然露积库垣内尚半。时南皮张文襄（之洞）管学部事，乃奏请以阁中所藏四朝书籍设京师图书馆，其档案则置诸国子监之南学，试卷等置诸学部大堂之后楼。壬子以后，学部及南学之藏复移于午门楼上之历史博物馆。越十年，馆中复以档案四之三售诸故纸商，其数凡九千麻袋，将以造还魂纸。为罗叔言所闻，三倍其价购之商人，移贮于彰义门之善果寺。而历史博物馆之剩余，亦为北京大学取去，渐行整理，其目在大学日刊中。罗氏所得，以分量太多，仅整理其十分之一，取其要者，汇刊为《史料丛刊》十册，其余今归德化李氏。

## 五、中国境内之古外族遗文

中国境内古今所居外族甚多。古代匈奴、鲜卑、突厥、回纥、契丹、西夏诸国，均立国于中国北陲，其遗物颇有存者，然世罕知之。惟元时耶律铸见突厥阙特勤碑及辽太祖碑。当光绪己丑，俄人拉特禄夫访古于蒙古，于元和林故城北，访得突厥阙特勤碑、芯伽可汗碑、回鹘九姓可汗三碑。突厥二碑皆有中国突厥二种文字，回鹘碑并有粟特文字。及光绪之季，英法德俄四国探险队入新疆，所得外族文字写本尤伙。其中除梵文、佉卢文、回鹘文外，更有三种不可识之文字，旋发见其一种为粟特语，而他二种则西人假名之曰"第一言语""第二言语"，后亦渐知为吐火罗语及东伊兰语。此正与玄奘《西域记》所记三种语言相合：粟特语即玄奘之所谓"窣利"，吐火罗即玄奘之"睹货逻"，其东伊兰语则其所谓葱岭以东诸国语也。当时粟特、吐火罗人多出入于我新疆，故今日犹有其遗物。惜我国人尚未有研究此种古代语者，而欲研究之，势不可不求之英法德诸国。惟宣统庚戌，俄人柯智禄夫大佐于甘州古塔，得西夏文字书。而元时所刻河西文《大藏经》，后亦出于京师。上虞罗福苌乃始通西夏文之读。今苏俄使馆参赞伊凤阁博士（Ivanoff），更为西夏语音之研究，其结果尚未发表也。

此外，近三十年中，中国古金石、古器物之发见，殆无岁无之。其于学术上之关系亦未必让于上五项，然以零星分散故，不能一一缕举。惟此五者，分量最多，又为近三十年中特有之发见，故比而述之。然此等发见物，合世界学者之全力研究之，其所阐发尚未及其半，况后此之发见亦正自无穷，此不能不有待少年之努力也。

# 《流沙坠简》序

光绪戊申，英人斯坦因博士访古于我新疆、甘肃，得汉、晋木简千余以归，法国沙畹博士为之考释。越五年癸丑岁暮，乃印行于伦敦。未出版，沙氏即以手校之本寄上虞罗叔言参事。参事复与余重行考订。握椠逾月，粗具条理，乃略考简牍出土之地，并诸篇首，以谂读是书者。

案，古简所出，厥地凡三：一为敦煌迤北之长城，二为罗布淖尔北之古城，其三则和阗东北之尼雅城及马咱托拉、拔拉滑史德三地也。敦煌所出，皆两汉之物。出罗布淖尔北者，其物大抵上自魏末，讫于前凉。其出和阗旁三地者，都不过二十余简，又皆无年代可考，然其最古者犹当为后汉遗物，其近者亦当在隋唐之际也。今略考诸地古代之情状，而阙其不可知者，世之君子以览观焉。

汉代简牍出于敦煌之北，其地当北纬四十度，自东经（据**英国固林咸志经度**）九十三度十分至九十五度二十分之间。出土之地，东西绵亘一度有余。斯氏以此为汉之长城，其说是也。案，秦之长城，西迄临洮，及汉武帝时，匈奴浑邪王降汉，以其地为武威、酒泉郡（元狩三年）。后又分置张掖、敦煌郡（元鼎六年），始筑令居以西，列四郡，据两关焉。此汉代筑城事之见于史者，不言其讫于何地也。其见于后人纪载者，则法显《佛国记》云，敦煌有塞，东西可八十里，南北四十里。《晋书·凉武昭王传》云，玄盛乃修敦煌旧塞东西二围（**东西疑东北之讹**）以防北虏之患，筑敦煌旧塞西南二围，以威南虏。案：唐《沙州图经》则沙州有古塞城、古长城二址，"塞城周回州境，东在城东四十五里，西在城西十五里，南在州城南七里，北在州城北五里"；"古长城则在州北六十六里，东至阶亭烽一百八十里，入瓜州常乐县界，西至曲泽烽二百一十二里，正西入碛，接石城界"云云。李暠所修，有东西南北四围，当即《图经》之古塞城。法显所见，仅有纵横二围，其东西行者，或即《图经》之古长城，而里数颇短；盖城在晋末，当已颓废，而《图经》所纪东西三百里者，则穷其废址者也。此城遗址，《图经》谓在州北六十三里。今木简出土之地，正直其所，实唐《沙州图经》所谓古长城也。前汉时敦煌郡所置三都尉，皆治其所；都尉之下，又各置候官。由西而东，则首玉门都尉下之大煎都候官、玉门候官（**皆在汉龙勒县境**）；次则中部都尉所属之平望候官、步广候官（**汉敦煌县境**）。又东则宜禾都尉所属各候官（**汉效谷、广至二县境。以上说均见本书《屯戍丛残·烽燧类》考释中及附录《烽燧图表》**）。又东入酒泉郡，则有酒泉西部都尉所治之西部障，北部都尉所治之偃泉障。又东北入张掖郡，则有张掖都尉所治之遮虏障。疑皆沿长城置之。今日酒泉、张掖以北，长城遗址之有无虽不可知，然以当日之建置言之，固宜如是也。今斯氏所探得者，敦煌迤北之长城，当《汉志》敦煌、龙勒二县之北境，尚未东及广至界。汉时简牍即出于此，实汉时屯戍之所，又由中原通西域之孔道也。

长城之说既定，玉门关之方位亦可由此决。玉门一关，《汉志》系于敦煌郡龙勒县下。嗣是《续汉书·郡国志》、《括地志》、《元和郡县志》、两《唐书·地理志》、《太平寰宇记》、《舆地广记》，以至近代官私著述，皆谓汉之玉门关在今敦煌西北。惟《史记·大宛列传》云："太初二年，贰师将军李广利伐大宛，还至敦煌，请罢兵，益发而复往。天子闻之大怒，而使使遮玉门曰：军有敢入者辄斩之！贰师恐，因留敦煌。"沙畹博士据此以为，太初二年前之玉门关，尚在敦煌之东，其徙敦煌西北，则为后日之事。其说是也。案，《汉志》酒泉郡有玉门县，颜师古注引阚骃《十三州志》，谓汉罢玉门关屯，徙其人于此。余疑玉门一县，正当酒泉出敦煌之孔道，太初以前之玉门关，当置于此。阚骃徙屯之说，未必确也。嗣后关城虽徙，而县名尚仍其故，虽中更废置，讫于今日，尚名玉门。故古人有误以玉门县为玉门关者。后晋高居诲《使于阗记》云，至肃州后渡金河，西百里出天门关，又西百里出玉门关。高氏所谓玉门关，实即自汉讫今之玉门县也。（唐之玉门军亦置于此，而玉门关则移于瓜州境。《元和郡县志》云，玉门关在瓜州晋昌县西二里，而以在寿昌县西北者为玉门故关，则唐之玉门关复徙而东矣。）汉时西徙之关，则《括地志》始记其距龙勒之方向道里曰，玉门关在县（汉之龙勒，在唐为寿昌县）西北一百十八里。（《史记·大宛传》正义引。）《旧唐书·地理志》《元和志》《寰宇记》《舆地广记》，均袭其文。近秀水陶氏《辛卯侍行记》，记汉玉门、阳关道路，谓自敦煌西北行六十里之大方盘城，为汉玉门关故地。又谓其西七十里有地名西湖，有边墙遗址及烽墩数十所。斯氏亦于此发见关城二所：一在东经九十四度以西之小盐湖，一在东经九十三度三十分。相距二十余分，与大方盘城及西湖相去七十里之说相近。然则当九十四度稍西者，殆即陶《记》之大方盘城；当九十三度三十分者，殆即陶氏所谓西湖耶？沙畹博士疑九十四度稍西之废址，为太初以前之玉门关，而在其西者，乃其后徙之处。余则谓太初以前之玉门关，当在酒泉郡玉门县，如在东经九十四度、北纬四十度间，则仍在敦煌西北，与《史记·大宛传》之文不合。而太初以后之玉门关，以《括地志》所记方位道里言之，则在唐寿昌县西北百一十八里。今自敦煌西南行一百四十里，有巴彦布喇汛，陶氏以为唐寿昌县故址。自此西北百一十八里，讫于故塞，则适在东经九十四度、北纬四十度之交，则当九十四度稍西之废址，实为太初以后之玉门关；而当九十三度三十分者，当为玉门以西之他障塞。盖汉武伐宛后，西至盐泽，往往起亭。又据《沙州图经》，则古长城遗址且西入迹中，则玉门以西，亦当为汉时屯戍之所，未足据以为关城之证也。故博士二说之中，余取其一；但其地为《汉志》龙勒县之玉门关，而非《史记·大宛传》之玉门，则可信也。其西徙之年，史书不纪；今据斯氏所得木简，则有武帝太始三年玉门都尉护众文书（《屯戍丛残》第一叶），其时关城当已西徙于此，上距太初二年不过十载。是其西徙必在李广利克大宛之后（太初四年），西起亭至盐泽之时也。又汉及新莽时玉门都尉所有版籍，皆出于此，可为《汉志》玉门关之铁证，不独与古书所纪一一吻合而已。

　　至魏晋木简残纸，则出于罗布淖尔涸泽北之古城稍西，于东经九十度、当北纬四十度三十一分之地。光绪庚子，俄人希亭始至此地，颇获古书。后德人喀尔亨利及孔拉第二氏，据其所得遗书，定此城为古楼兰之虚。沙畹博士考证斯坦因博士所得遗物，亦从其说。余由斯氏所得简牍及日本橘瑞超氏于此所得之西域长史李柏二书，知此地决非古楼兰。其地当前凉之世，实名海头。而《汉书·西域传》及《魏略·西戎传》之居庐仓、《〈水经·河水〉注》之龙城，皆是地也。何以知其非古楼兰也？曰：斯氏所得简牍中，其中言楼兰者凡三。一曰："帐下督薛明言，谨案文书前至楼兰□还守堤兵。"（本书《屯戍丛残》第三叶。）此为本地部将奉使至楼兰后所上之文书，盖不待言。二曰："八月廿八日，楼兰白疏悃惶恐白。"（本书《简牍遗文》第四叶。）其三曰："楼兰□白。"（同上。）而细观他书疏之例，则或云："十月四日，具书焉者元顿首。"（同上。）或云："敦煌具书畔毗再拜。"（同上，第五叶。）皆于姓名前著具书之地。以此推之，则所云"楼兰白疏悃惶恐白"者，必为自楼兰所致之疏。其书既自楼兰来，则所抵之地不得为楼兰矣。此遗物中之一确证也。更求之地理上之证据，亦正不乏。《〈水经·河水〉注》云：河水东迳墨山国南，又东迳注宾城南，又东迳楼兰城而东注，河水又东迳于泑泽，即经所谓蒲昌海也，云云。案，河水者，今之宽车河或塔里木河；泑泽与蒲昌海者，今之罗布淖尔也；则楼兰一城，当在塔里木河入罗布淖尔处之西北，亦即在淖尔西北隅。此城则在淖尔东北隅，此其不合者一也。古楼兰国，自昭帝元凤四年徙居罗布淖尔西南之鄯善后，国号虽改，而城名尚存。《后汉书·班勇传》：议遣西域长史将五百人屯楼兰，西当焉耆、龟兹径路，南强鄯善、于阗心胆，北扞匈奴，东近敦煌。《杨终传》亦言远屯伊吾、楼兰、车师、戊己，《魏略》言过龙堆到故楼兰，皆谓罗布淖尔西北之楼兰城。故东方人之呼淖尔也，曰泑泽，曰盐泽，曰蒲昌海；而自西方来者，则呼之曰牢兰海是也。古"牢""楼"同音，《士丧礼》"牢中"郑注，"牢"读为"楼"。盖自西方来，必先经楼兰城而后至罗布淖尔，故名此淖尔曰牢兰海（《史记正义》引《括地志》作"穿兰海"，字之误也）。此又楼兰在淖尔西北之一证。此其不合二也。故曰希、斯二氏所发见淖尔东北之古城，决非古楼兰也。

然则其名可得而言之欤？曰：由橘氏所得李柏二书观之，此地当前凉之世，实名海头。李书二纸，其中所言之事同，所署之月日同，所遣之使者同，实一书之二草稿。可决其为此城中所书，而非来自他处者也。其一书曰："今奉台使来西，月二日到此。""此"字旁注"海头"二字。其二曰："诏家见遣使来慰劳诸国，月二日来到海头。"或云"此"，或云"海头"，则此地在前凉时固名海头。海头之名，诸史未见，当地居蒲昌海东头得名，未必古有此称也。求古籍中与此城相当之地，惟《水经》之龙城，足以当之。《水经·河水注》：蒲昌海，水积鄯善之西北，龙城之东南。龙城，故姜赖之墟，胡之大国也。蒲昌海溢，盗覆其国，城基尚存而至大，晨发西门，莫达东门云云。其言颇夸大难信，然其所记龙城方位，正与此城相合。又据其所云姜赖之墟（郦注此事，本《凉州异物志》。《太平御览》八百六十五引《异物志》云：姜赖之虚，今称龙城。恒溪无道以感天庭，上帝震怒，溢海荡倾，刚卤千里，蒹葭之形，其下有盐，累棋而生。原注：姜赖，胡国名也。郦注隐括其事），可以知此城汉时之名焉。案：各史《西域传》，绝不闻有姜赖国。惟汉魏时，由玉门出蒲昌海孔道以达楼兰、龟兹，中间有居庐仓一地。"姜""居""赖""庐"，皆一声之转。准以地望，亦无不合。何以言之？《汉书·西域传》：乌孙、乌就屠袭杀狂王，自立为昆弥。汉遣破羌将军辛武贤将兵万五千人至敦煌，遣使者案行表，穿卑鞮侯井以西，欲通渠转谷，积居庐仓以讨之。孟康曰：卑鞮侯井，大井六通渠也，下流涌出，在白龙堆东土山下。夫井之下流在白龙堆东，而居庐仓则在井西，其地望正与此城合。《魏略·西戎传》（《魏志·乌丸传》注引）云：从玉门关西出，发都护井，回三陇沙北头，经居庐仓，从沙西井转西北过龙堆，到故楼兰，转西诣龟兹，为西域中道。案，今敦煌塞外大沙碛，古人或总称之曰白龙堆（《汉书·地理志》敦煌郡下云，正西关外有白龙堆沙。《西域传》云，楼兰当白龙堆。孟康言，卑鞮侯井在白龙堆东土山下，是敦煌以西、楼兰以东之沙碛，皆谓之白龙堆也），或总名之曰三陇沙（《广志》流沙在玉门关外东西二千里、南北数百里，有断石，曰三陇，则似以三陇沙为沙碛总名也）。而《魏略》之文殊为分晓，其在东南者谓之曰三陇沙，而在西北者则专有白龙堆之名。今此城适在大沙碛之中间，又当玉门、楼兰间之孔道，与《魏略》之居庐仓地望正合，则其为汉之居庐仓无疑。又观《魏略》《水经注》所纪蒲昌海北岸之地，仅有二城。其在西者，二书均谓之楼兰；则其在东者，舍居庐、姜赖奚属矣？然则此城之称，曰居庐，曰姜赖，乃汉时之旧名；曰海头，则魏晋以后之新名；而龙城，则又西域人所呼之异名也。（《水经注》所纪出《凉州异物志》，疑亦用释氏《西域记》。观"晨发西门，莫达东门"二语，可知为西方人所记，即令为《异物志》语，恐亦本之西域贾胡也。）

此地自魏晋以后为西域长史治所，亦有数证。橘氏所得李柏二书，既明示此事。斯氏于此所得简牍中，有书函之检署，曰："因王督致西域长史张君坐前，元言疏。"（《简牍遗文》第一叶。）又有出纳簿书，上署："□西域长史文书事□中阙□。"（《屯戍丛残》第十一叶。）一为抵长史之书，一则著长史之属，则西域长史曾驻此地，盖无可疑。此二简皆无年月，不能定其为魏晋及前凉之物，然参伍考之，则魏晋间已置西域长史于此，不自前凉始矣。案《后汉书·西域传》，西域长史实屯柳中，以行都护之事。（后汉之初亦放西京之制，以都护统西域，未几而罢。后班超以将兵长史平定西域，遂为都护，未几，复罢。嗣是索班以行敦煌长史，出屯伊吾。索班没后，班勇建议遣西域长史屯楼兰。延光三年，卒以勇为西域长史，出屯柳中，不复置都护。自是长史遂摄行都护事矣。）故《汉书》纪西域诸国道里，以都护治所乌垒城为据；而《后汉书》所纪，则以长史所治柳中为据。逮汉末中原多事，不遑远略，敦煌旷无太守且二十载。（《魏志·仓慈传》）则柳中之屯与长史之官，必废于是时矣。魏黄初元年，始置凉州刺史（《张既传》），并以尹奉为敦煌太守。（《阎温传》）三年，鄯善、龟兹、于阗各遣使贡献，西域遂通。置戊己校尉（《文帝纪》），以行敦煌长史张恭为之

（《阎温传》）。而西域长史之置，不见于纪传，惟《仓慈传》言慈太和中迁敦煌太守，数年卒官。西域诸胡闻慈死，共会聚于戊己校尉及长吏治下发哀。"长吏"二字，语颇含混。后汉以来，西域除西域长史、戊己校尉外，别无他长吏，魏当仍之，则"长吏"二字，必"长史"之讹也。又据斯氏所得一简云："西域长史承移今初除，月廿三日当上道，从上邽至天水。"以简中所记地名考之，实为自魏至晋太康七年间之物。（见《屯戍丛残考释》。）恐西域长史一官，自黄初以来，即与戊己校尉同置。惟其所治之地，不远屯柳中，而近据海头。盖魏晋间中国威力已不如两汉盛时，故近治海头，与边郡相依倚。此又时势所必然者矣。至前凉时，西域长史之官，始见于史。（《晋书·张骏传》。）而《魏书·张骏传》则又称为西域都护，《传》言骏分敦煌、晋昌、高昌三郡，西域都护、戊己校尉、玉门大护军三营为沙州，以西胡校尉杨宣为刺史。（《晋书·地理志》亦引此文，错乱不可读。）案，张骏时，西域有长史，无都护；"都护"二字必"长史"之误，或以其职掌相同而互称之。斯氏于此地所得一简云："今遣大侯究犁与牛诣营下受试。"（《屯戍丛残》第三叶。）称长史所居为营下。又斯氏于尼雅北古城所得木简，有"西域长史营写鸿胪书"语（本书《补遗》），此又《魏书·张骏传》之三营，其一当为西域长史之证也。此三营者，戊己校尉屯高昌（《晋书·张骏书》初戊己校尉赵贞不附于骏，至是骏击禽之，以其他为高昌郡），玉门大护军屯玉门，而西域长史则屯海头，以成鼎足之势；则自魏晋讫凉，海头为西域重地，盖不待言。张氏以后，吕光、李暠及沮渠蒙逊父子迭有其地。后魏真君之际，沮渠无讳兄弟南并鄯善，北取高昌，此城居二国之间，犹当为一重镇。逮魏灭鄯善、蠕蠕，据高昌，沮渠氏亡，此城当由是荒废。作《凉州异物志》者，乃有"海水盈覆"之说，而郦氏注《水经》用之。顾周隋以前，碛道未闭，往来西域者尚取道于此，故郦氏犹能言其大略。然非希、斯诸氏之探索，殆不能知为古代西域之重地矣。

其余木简，出于和阗所属尼雅城北及马咱托拉、拔拉滑史德三地者，其数颇少。尼雅废墟，斯氏以为古之精绝国。案，今官书，尼雅距和阗七百十里，与《汉书·西域传》《水经·河水注》所纪精绝去于阗道里数合，而与所纪他国去于阗之方向、道里皆不合，则斯氏说是也。《后汉书·西域传》言光武时，莎车王贤诛灭诸国。贤死（**明帝永平四年**）之后，遂更相攻伐，小宛、精绝、戎卢、且末为鄯善所并。故范《书》无精绝国传。今尼雅所出木简十余，隶书精妙，似汉末人书迹，必在永平以后。所署之人，曰王，曰大王，曰且末夫人（**盖且末王女为精绝王夫人者**），盖后汉中叶以后，且末、精绝仍离鄯善而自立也。

考释既竟，爰序其出土之地并其关于史事之荦荦大者如右。其戍役情状与言制度名物者，并具考释中，兹不赘云。甲寅正月。